Zu diesem Buch bieten wir Ihnen ein Paket mit kostenlosem Downloadmaterial an. Das Paket umfasst die im Buch enthaltenen Abbildungen (in Farbe) sowie alle Arbeitsblätter und Journalseiten (als beschreibbare PDF-Dateien). Welche Seiten im Buch in dieser Form zur Verfügung stehen, erkennen Sie an diesem Icon:

Das Downloadpaket erhalten Sie auf ↗ https://www.junfermann.de/.

Gehen Sie dort auf die Produktseite von „Mein Schematherapie-Journal" und scrollen Sie auf dieser Seite etwas nach unten, bis zum Bereich „Mediathek".

Dort finden Sie ein Eingabefeld für den Code.

Geben Sie den Code ein, laden Sie das Material herunter und speichern es auf Ihrem Endgerät.

Achtung: Den untenstehenden Code können Sie maximal fünfmal verwenden!

360729

AF626228

Hannah Adenauer & Julia Schuchardt

Mein Schematherapie-Journal

Begleiter für die ambulante Schematherapie

www.junfermann.de

planetpsy.de

blogweise.junfermann.de

www.facebook.com/junfermann

x.com/junfermann

www.youtube.com/user/junfermann

www.instagram.com/junfermannverlag

Hannah Adenauer & Julia Schuchardt

Mein Schematherapie-Journal

Begleiter für die ambulante Schematherapie

Junfermann Verlag
Paderborn
2024

Covergestaltung / Reihenentwurf Junfermann Druck & Service GmbH & Co. KG, Paderborn

Satz & Layout Junfermann Druck & Service GmbH & Co. KG, Paderborn

Bibliografische Information der Deutschen Nationalbibliothek

Die Deutsche Nationalbibliothek verzeichnet diese Publikation in der Deutschen Nationalbibliografie; detaillierte bibliografische Daten sind im Internet über http://dnb.d-nb.de abrufbar.

ISBN 978-3-7495-0607-1

FSC www.fsc.org MIX Papier | Fördert gute Waldnutzung FSC® C013205

Inhalt

Inhalt

Vorwort

Bereits viele Menschen haben wir im Rahmen der therapeutischen bzw. beratenden Arbeit auf ihrem Weg begleiten dürfen. Dabei haben wir immer wieder festgestellt, dass die Arbeit an sich selbst, an alten Gewohnheiten und eingespielten Mustern herausfordernd sein kann. Sie braucht Zeit und kostet Energie. Voraussetzung dafür sind die Fähigkeit und Bereitschaft zur Selbstreflexion. Über sich nachdenken und das eigene Verhalten reflektieren: Oft sind dies die ersten Schritte eines behutsamen Veränderungsprozesses. Wenn man diesen Reflexionsprozess mit einem therapeutischen Gegenüber beginnt und ihn dann schriftlich vertieft, erleichtert das nicht nur den Einstieg, sondern es macht relevante Themen offensichtlicher, ermöglicht ein tieferes Verständnis für die eigenen Gefühle, Gedanken und Verhaltensweisen und macht Veränderungsprozesse sichtbarer.

Dieses Journal ist eine Einladung an Sie, in diesen Reflexionsprozess einzusteigen und ihn schriftlich zu begleiten. Konkrete Fragen zur Selbstreflexion und eine Reihe von Übungsvorschlägen ermöglichen es, die jeweilige Therapiesitzung vor- und nachzubereiten. Aus der dadurch entstehenden Verbindlichkeit und Nachhaltigkeit werden Sie in Ihrer Therapie profitieren. Es macht zudem einen großen Unterschied, ob Sie nur einmal wöchentlich während der Therapiesitzung in den Prozess der Selbstreflexion eintauchen und im Anschluss nicht weiter darüber nachdenken oder ob Sie erarbeitete Themen weiter vertiefen, über die Woche wirken lassen und neues Verhalten ausprobieren.

In jeder Therapie, Beratung oder Persönlichkeitsentwicklung gilt: Eigene Gefühle, Gedanken und Muster wahrzunehmen und zu verstehen sind erste Schritte und wichtige Grundvoraussetzungen. Echte Veränderung wird jedoch erst dann möglich, wenn man den Mut hat und sich bewusst dafür entscheidet, die Komfortzone zu verlassen und Neues auszuprobieren.

Auf Ihrem Therapie-Weg kann dieses Journal für Sie zu Ihrem Reisebegleiter werden. Es kann Sie dabei unterstützen, (wieder) mehr das Leben zu leben, das Sie leben wollen. Dafür ist es wichtig, zum Beginn und auch immer wieder im weiteren Verlauf der Therapie Ziele zu formulieren. Motivierend sind vor allem solche Ziele, die nicht nur weg von einem schwierigen Zustand (Vermeidungsziele), sondern hin zu einem gewünschten

Zustand führen (Annäherungsziele). Um Ihre eigenen Ziele mit größerer Wahrscheinlichkeit auch zu erreichen, sollten Sie sie zum einen möglichst konkret und realistisch formulieren und sich zum anderen bewusst für sie entscheiden. In der therapeutischen Arbeit und der Selbstentwicklung gehen erfolgreiche Prozesse deshalb immer mit einer bewussten Entscheidung und Verantwortungsübernahme einher.

Konkrete und realistische Therapieziele sowie die Selbstverpflichtung, sich täglich einige Minuten Zeit zu nehmen, die Wochenübungen zu bearbeiten, sie zu dokumentieren und den therapeutischen Prozess schriftlich zu reflektieren, sind somit wichtige Säulen einer gelingenden therapeutischen Arbeit. Zudem hilft die schriftliche Reflexion, immer wieder den eigenen Prozess zu überprüfen und schneller Erfolge festzustellen. Aber auch lange nach Abschluss der Therapie erfüllt dieses Journal eine wichtige Funktion: Sie können nachlesen, wie es Ihnen gegangen ist, was Sie ausprobiert haben und was hilfreich war.

Das Journal besteht aus drei Teilen: In Teil I finden Sie eine kurze Einführung in die Schematherapie und erste Fragen zur Selbstreflexion. In Teil II haben Sie die Möglichkeit, Wichtiges aus den Therapiesitzungen festzuhalten und neue Erfahrungen schriftlich zu reflektieren. In Teil III finden Sie eine umfangreiche Sammlung von Übungen für zu Hause, die Sie und Ihre Therapeutin anregen kann, passende Wochenübungen zu entwickeln.

Ein kurzer Hinweis zum Thema Gendern: Wir verwenden im Wechsel männliche und weibliche Formen und meinen damit jeweils alle Menschen, egal welchen Geschlechts.

I.

Einführung

1. Schematherapie

Die Schematherapie vereint verschiedene therapeutische Ansätze und zählt zur modernen Kognitiven Verhaltenstherapie. Die Schematherapie wurde von Jeffrey Young (Young 2005) entwickelt und ist seither immer weiter ausdifferenziert worden. Wenn Sie mehr über die hier in Kürze skizzierten theoretischen Modelle der Schematherapie lesen möchten, empfehlen wir zur Vertiefung die Literaturangaben auf Seite 149.

Welches sind die Kernmerkmale einer Schematherapie? Dazu gehören die Arbeit an maladaptiven Schemata und Modi, die konsequente Orientierung an den emotionalen Grundbedürfnissen, die besondere Qualität der therapeutischen Beziehungsgestaltung (eine sogenannte „begrenzte Nachbeelterung“, Young 2005) und der intensive Einsatz emotionsaktivierender Techniken. Was es mit den Begriffen Schema, Modus und Grundbedürfnisse auf sich hat, werden wir in den nächsten Abschnitten erklären. Diese Ausführungen werden Ihnen helfen, eine gemeinsame Sprache mit Ihrem Therapeuten zu sprechen. Außerdem wird es Ihnen leichter fallen, eigene Gedanken, Handlungsimpulse und Gefühle zu verstehen, zu beschreiben und schließlich zu verändern.

Zur therapeutischen Beziehungsgestaltung: Hier ist es hilfreich, wenn sich Ihre Therapeutin authentisch einbringt. Optimalerweise bietet sie sich als Reflexionspartnerin an, die Sie einerseits mit problematischen Verhaltensmustern konfrontiert und Sie gleichzeitig empathisch dabei unterstützt, sich schwierigen Themen zu stellen. Ein ausschließlich verständnisvolles und nachgiebiges Gegenüber wird Sie vermutlich weniger motivieren, Ihre Ziele zu erreichen und sich selbstwirksam zu erleben. Hierfür brauchen Sie einen Therapeuten, der Sie nicht nur versteht und lobt, sondern auch an Ihre Eigenverantwortlichkeit appelliert und klare Grenzen und Vereinbarungen einfordert.

Was bedeutet es, wenn es heißt, dass in der Schematherapie mit emotionsaktivierenden Techniken gearbeitet wird? Das Hauptaugenmerk liegt bei diesem Ansatz weniger im reinen Gespräch, also im „Darüber-Reden“. Ihre Stärke entfaltet die Schematherapie im Üben und Erlebbarmachen. Das gelingt oft durch „Imaginationsübungen“, also durch Übungen, die vor allem mit inneren Bildern und der Vorstellungskraft arbeiten. Ebenfalls erlebnisorientiert sind „Stühle-Dialoge“. In dieser Art von Übungen nutzt man verschiedene Stühle, um unterschiedliche Seiten und Perspektiven eines Problems darzustellen. Der Charme der Übungen besteht darin, dass sie es erleichtern, schneller ins Fühlen und Erleben zu kommen, was bei einem reinen „Darüber-Reden" manchmal schwieriger ist.

In einer Schematherapie geht es darum zu verstehen, welche emotionalen Grundbedürfnisse in der Lebensgeschichte längerfristig nicht erfüllt wurden, welche maladaptiven Schemata oder Muster dadurch entstanden sind und wie es gelingen kann, diese Grundbedürfnisse eigenverantwortlich in Zukunft besser zu befriedigen.

2. Emotionale Grundbedürfnisse

Verschiedene Wissenschaftler, z. B. Klaus Grawe (2004), haben emotionale Grundbedürfnisse definiert. In der Schematherapie orientieren wir uns an den von Jeffrey Young (2005) formulierten Grundbedürfnissen. Ihre längerfristige Nichterfüllung in der Kindheit und Jugend sorgt in der Sichtweise der Schematherapie dafür, dass sich maladaptive Schemata (dazu mehr in Kapitel 3) entwickeln. Bestimmte Muster bilden sich aus, Glaubenssätze zementieren sich und es entwickelt sich unsere „Brille“, durch die wir die Welt sehen. Dieses Modell impliziert, dass wir in einer Schematherapie immer auch zurückschauen und uns damit beschäftigen, wie wir aufgewachsen sind, wie erste und wichtige Bezugspersonen mit uns umgegangen sind und welche prägenden Erfahrungen wir in den ersten Lebensjahren gemacht haben. Wenn wir begreifen, wo und wie wir gelernt haben, die Welt wahrzunehmen, können wir lernen, uns selbst besser zu verstehen, Verständnis für uns und für andere aufzubauen und uns bewusst für einen anderen, neuen Weg zu entscheiden.

Grundbedürfnisse sind universelle Bedürfnisse des Menschen. Das bedeutet, dass alle Menschen diese Bedürfnisse haben. Sie bleiben über die Lebensspanne bestehen und sie sind – je nachdem, ob sie in unseren frühen Lebensjahren befriedigt werden oder nicht – grundlegend für unsere Prägungen.

Jeffrey Young hat fünf für die gesunde seelische Entwicklung von Kindern wichtige emotionale Grundbedürfnisse formuliert, die auch noch im Erwachsenenleben die Basis für psychische Stabilität darstellen. Dabei handelt es sich um:

Das Bedürfnis nach sicherer Bindung: Das Bedürfnis danach, angenommen, gesehen, geliebt und geschützt zu werden und dazuzugehören.

Das Bedürfnis nach Selbstbehauptung, Autonomie, Identität und Kompetenz: Das Bedürfnis, eigenständig die Welt zu erkunden, eigene Erfahrungen zu machen, Dinge zu entscheiden, sich durchzusetzen und eigene Fähigkeiten zu testen.

Das Bedürfnis nach realistischen Grenzen und Selbstkontrolle: Hier geht es um Grenzen von außen, z. B. um Regeln oder Absprachen innerhalb einer Familie. Diese helfen dabei, sich in die Gemeinschaft zu integrieren. Innerhalb dieser Grenzen kann man sich orientieren und

Frustrationstoleranz, Verantwortung und Bedürfnisaufschub lernen. Auch geht es darum, dass die eigenen Grenzen von anderen Menschen gewahrt werden, sodass sich ein Kontroll- und Sicherheitserleben entwickeln kann.

Das Bedürfnis, sich auszudrücken: Die Freiheit, Gefühle und Bedürfnisse ausdrücken zu dürfen. Dies kann in Form von Verbalisierung eigener Gefühle und Bedürfnisse geschehen oder über den nonverbalen Ausdruck – Mimik, Gestik und Körpersprache.

Das Bedürfnis nach Spontanität und Spiel: Das Bedürfnis nach Spiel, Spaß und Leichtigkeit, aber auch Ruhe und Regeneration, jenseits von Ernst, Pflichtbewusstsein und Fleiß.

Aufbauend auf Jeffrey Youngs Grundbedürfnissen hat Eckhard Roediger (2020) das Zwei-Beine-Modell der emotionalen Grundbedürfnisse formuliert. Da es sehr eingängig ist und eine schnelle Orientierung ermöglicht, möchten wir es hier kurz vorstellen.

Im Zwei-Beine-Modell werden die fünf emotionalen Grundbedürfnisse vereinfachend zu zwei Grundbedürfnissen zusammengefasst: Bindung und Selbstbehauptung. Wir stehen demnach auf zwei (Grundbedürfnis-) Beinen: dem „blauen Bindungsbein“ und dem „roten Selbstbehauptungsbein“. Sind beide Beine gut trainiert und ausbalanciert, haben wir einen festen Stand und unsere Psyche ist stabil. Je nach Situation gelingt es uns dann, Beziehungsangebote zu machen und einzugehen (Bindung). Gleichzeitig können wir für unsere selbstbezogenen Bedürfnisse einstehen und uns durchsetzen (Selbstbehauptung). Wenn es hier ein Ungleichgewicht gibt, wenn wir also grundsätzlich stärker auf dem roten oder auf dem blauen Bein stehen, haben wir keinen stabilen Stand und unsere Grundbedürfnisbilanz wird negativ. Menschen, die hauptsächlich auf dem Selbstbehauptungsbein stehen, können sich zwar gut durchsetzen und abgrenzen, tun dies allerdings auf Kosten der Bindung. Menschen, die eher auf dem Bindungsbein stehen und dieses Bedürfnis überbetonen, opfern zumindest teilweise ihre Autonomie und Selbstbestimmung.

In Ihrer Therapie wird es also auch darum gehen, wie sehr bei Ihnen das blaue Bein im Einsatz ist und wie sehr das rote. In welchen Situationen oder Beziehungen bräuchten Sie mehr „rot“ oder „blau“, um stabil zu stehen und Ihre Bedürfnisse gut auszubalancieren? Und wie können Sie da hinkommen?

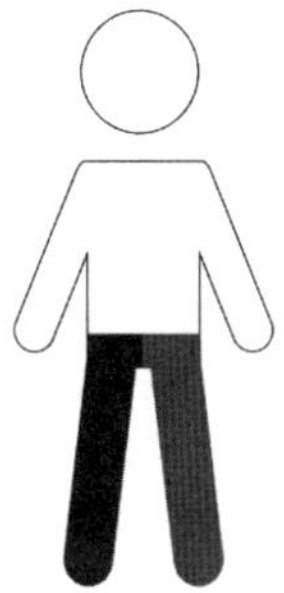

Abbildung 1: Zwei-Beine-Modell nach E. Roediger (2020)

Reflexion: Wie war es bei mir?

Welche Bedürfnisse kamen bei Ihnen als Kind und Jugendliche zu kurz? Notieren Sie diese im Folgenden.

Reflektieren Sie dann: Welchen Raum haben diese Bedürfnisse heute in Ihrem Leben? Sind Sie als Erwachsene eher auf dem „blauen“ oder auf dem „roten“ Bein unterwegs?

3. Schemata

Wenn emotionale Grundbedürfnisse in der Kindheit und Jugend wiederholt nicht ausreichend befriedigt werden, bilden sich laut Jeffrey Young (2005) sogenannte maladaptive bzw. negative Schemata aus. Diese Entwicklung wird durch schwierige, prägende Beziehungserfahrungen mit wichtigen Bezugspersonen (z. B. Eltern, Geschwistern, Lehrerinnen, Gleichaltrigen) ausgelöst und beeinflusst, aber auch durch soziokulturelle Faktoren, also ungünstige Lebensumstände (z. B. Krieg, Armut, Gewalt), sowie durch genetisch-biologische Faktoren wie z. B. das angeborene Temperament eines Kindes.

Das Wort *Schema* (Plural: Schemata) kommt aus dem Altgriechischen und bedeutet „Form und Gestalt". In der Schematherapie versteht man unter Schemata Muster oder Lebensthemen, die unbewusst und automatisch unsere Wahrnehmung „formen", Gefühle auslösen, unser Denken beeinflussen und Handlungsimpulse auslösen. Eine passende Metapher für ein Schema ist die individuelle „Brille", die jeder Mensch trägt und durch die er die Welt wahrnimmt. Um in diesem Bild zu bleiben: Tragen wir eine Brille mit roten Gläsern, nehmen wir die Welt anders wahr als jemand, der dasselbe durch blaue Gläser sieht. Wenn wir uns nicht bewusst sind, dass wir eine bestimmte Brille tragen, dann nehmen wir das, was wir sehen, als Realität wahr und sind nicht offen für andere Interpretationen.

Insgesamt formulierte Jeffrey Young 18 maladaptive / negative Schemata (Young 2005, Valente 2021).

Erweiternd zu diesen arbeitet zum Beispiel Leokadia Brüderl (2020) auch mit adaptiven / positiven Schemata. Diese entstehen, wenn emotionale Grundbedürfnisse in der Kindheit ausreichend befriedigt wurden oder wenn spätere, positive Lebenserfahrungen den „Schemaschmerz" (Schuchardt & Roediger 2024) heilen konnten.

Die Transformation eines maladaptiven in ein adaptives Schema, also das „Aufsetzen einer anderen Brille", ist ein wichtiges Element der Schematherapie. Im Folgenden werden sowohl die maladaptiven / negativen als auch die entsprechenden adaptiven / positiven Schemata (angelehnt an Valente 2021; Ambauen & Meyer 2023) aufgeführt:

I. Emotionale Vernachlässigung

Das Schema begünstigende Kindheitserfahrungen: Nicht ausreichend gesehen und emotional versorgt worden zu sein; Mangel an emotionaler Wärme und Geborgenheit, obwohl Bezugsperson körperlich anwesend waren.

Manifestation des maladaptiven Schemas heute: Ein chronisches Gefühl, dass andere sich nicht wirklich für einen interessieren, sich nicht kümmern oder die eigenen Bedürfnisse nicht ernst nehmen. Es gibt kaum ein Gespür für eigene Bedürfnisse und Gefühle. Betroffene haben Mühe, diese auszudrücken und es mangelt ihnen an Fähigkeiten, sie selbst zu befriedigen.

Transformation in das adaptive Schema „Emotionale Zuwendung“: Hierfür braucht es die grundsätzliche Überzeugung, angenommen und gemocht zu werden, emotionale Zuwendung zu verdienen und sich diese auch selbst geben zu dürfen. In Beziehungen wird Wärme, Zugehörigkeit und Geborgenheit erfahren.

II. Verlassenheit und Instabilität

Das Schema begünstigende Kindheitserfahrungen: Von Bezugspersonen allein gelassen worden zu sein – etwa durch Verlust dieser Personen, berufliche Abwesenheit, emotionale Instabilität oder Krankheit.

Manifestation des maladaptiven Schemas heute: Die ständige Angst, von anderen verlassen oder im Stich gelassen zu werden. Eine tief verwurzelte Annahme, dass Beziehungen nicht auf Dauer halten.

Transformation in das adaptive Schema „Geborgenheit“: Die grundsätzliche Überzeugung, dass Beziehungen dauerhaft bestehen können; sich sicher und geborgen fühlen und sich auf andere verlassen können.

III. Misstrauen und Missbrauch

Das Schema begünstigende Kindheitserfahrungen: Emotional, körperlich oder sexuell misshandelt, missbraucht, ausgebeutet oder manipuliert worden zu sein. Dies beinhaltet körperliche oder sexuelle Gewalt, aber auch verbale Entwertungen und Demütigungen sowie nonverbale Geringschätzung.

Manifestation des maladaptiven Schemas heute: Die Befürchtung, von anderen absichtlich verletzt, hintergangen, ausgenutzt oder missbraucht zu werden. Dies führt zu einer erhöhten Wachsamkeit und Misstrauen gegenüber Menschen. Grenzüberschreitungen durch andere Menschen werden erwartet und befürchtet.

Transformation in das adaptive Schema „Vertrauen“: Die grundsätzliche Überzeugung, anderen vertrauen zu können und unterstützt zu werden. In Beziehungen kann Sicherheit und Loyalität erlebt werden.

IV. Unzulänglichkeit und Scham

Das Schema begünstigende Kindheitserfahrungen: Immer wieder verbal und / oder nonverbal bloßgestellt, entwertet, kritisiert, beschämt und abgelehnt worden zu sein.

Manifestation des maladaptiven Schemas heute: Eine tiefe Überzeugung, nicht liebenswert zu sein und die Aufmerksamkeit und die Liebe anderer aufgrund eines fehlerhaften Selbst nicht zu verdienen. Ein grundlegendes Erleben von eigener Unzulänglichkeit, weil mit einem selbst etwas nicht stimmt, weil man defekt ist.

Transformation in das adaptive Schema „Selbstwertgefühl und Stolz“: Eine positive Selbstwahrnehmung und grundsätzliche Überzeugung, wertvoll zu sein, sich annehmen und stolz auf sich sein zu können.

V. Soziale Isolierung und Entfremdung

Das Schema begünstigende Kindheitserfahrungen: Die Erfahrung, als Kind oder Jugendlicher im Familienverbund oder von Gleichaltrigen abgelehnt, gehänselt und ausgegrenzt worden zu sein, wodurch das Gefühl entstanden ist, „anders zu sein“ und nicht dazuzugehören.

Manifestation des maladaptiven Schemas heute: Das Gefühl, nirgends dazuzugehören, anders zu sein und keine echte Verbindung zu anderen Menschen herstellen zu können; vor allem, sich in Gruppen allein und außen vor zu fühlen.

Transformation in das adaptive Schema „Soziale Integration“: Die grundsätzliche Überzeugung, in eine Gemeinschaft integriert zu sein und dazuzugehören; das Erleben von Akzeptanz und Wertschätzung in einer Gruppe.

VI. Abhängigkeit und Inkompetenz

Das Schema begünstigende Kindheitserfahrungen: Die Erfahrung, dass in der Kindheit von übertrieben fürsorglichen oder dominanten Bezugspersonen Entscheidungen abgenommen wurden und das Gefühl vermittelt wurde, allein nicht (lebens-)fähig zu sein.

Manifestation des maladaptiven Schemas heute: Die andauernde Überzeugung, nicht ohne Hilfe anderer Entscheidungen treffen oder Dinge im Leben angehen zu können, ein Gefühl des Ausgeliefertseins und der Inkompetenz, mangelndes Vertrauen in eigene Leistungen und die eigene Urteilskraft.

Transformation in das adaptive Schema „Selbstvertrauen und Kompetenzerleben“: Die grundsätzliche Überzeugung, sich selbst vertrauen zu können, sich selbst als kompetent und selbstständig zu erleben, das heißt: Aufgaben erledigen und mit Alltagsproblemen umgehen zu können.

VII. Verletzlichkeit

Das Schema begünstigende Kindheitserfahrungen: Durch eine übermäßig ängstliche Haltung von Bezugspersonen oder durch das Aufwachsen in einer potenziell bedrohlichen Umgebung (Krieg, Armut, Krankheit der Bezugspersonen, Zerbrechen der Familie etc.) wurde der Eindruck vermittelt, dass die Welt kein sicherer Ort und die eigene Unversehrtheit bedroht ist oder sein könnte.

Manifestation des maladaptiven Schemas heute: Die Überzeugung, sich dauernd schützen zu müssen (z. B. vor Krankheiten, Naturkatastrophen, Unfällen) bzw. diesen ausgeliefert zu sein. Die Welt wird als ein zutiefst unsicherer Ort wahrgenommen.

Transformation in das adaptive Schema „Gesundheit und Sicherheit“: Die grundsätzliche Überzeugung, in dieser Welt sicher zu sein, gesund zu bleiben bzw. mit potenziellen Gefahren umgehen zu können und eine zuversichtliche Grundhaltung, Krisen zu meistern.

VIII. Verstrickung und unterentwickeltes Selbst

Das Schema begünstigende Kindheitserfahrungen: Übermäßig mit wichtigen Bezugspersonen verbunden bzw. verstrickt gewesen zu sein, was die Entwicklung der eigenen Identität und die Wahrnehmung eigener Gefühle und Bedürfnisse deutlich erschwerte.

Manifestation des maladaptiven Schemas heute: Kaum ein Erleben eines unabhängigen Selbst, sondern Verschmelzung mit anderen, keine Wahrung der eigenen Grenzen. Die Entwicklung der eigenen Identität ist blockiert.

Transformation in das adaptive Schema „Gesunde Grenzen und entwickeltes Selbst": Sich als eigenständige Person wahrnehmen, sich vollständig fühlen, sich spüren und eigene Grenzen wahrnehmen und anerkennen; eine gute Balance zwischen dem Bindungs- und Selbstbehauptungsbedürfnis („rotes und blaues Bein").

IX. Versagen und Erfolglosigkeit

Das Schema begünstigende Kindheitserfahrungen: Immer wieder überkritische, leistungsbezogene Rückmeldungen bekommen zu haben, was zu hohem Leistungsdruck und Versagensgefühlen führte. Auch das Modell von sehr leistungsorientierten, karrierefokussierten Bezugspersonen kann dieses Schema begünstigen.

Manifestation des maladaptiven Schemas heute: Die starke Überzeugung, weniger intelligent / begabt / talentiert zu sein als andere Menschen; eigenes Versagen wird innerlich vorweggenommen, teils Neigung zu Prokrastination oder Selbstsabotage.

Transformation in das adaptive Schema „Selbsteffizienz und Erfolg": Ein grundsätzliches Vertrauen in die eigenen Fähigkeiten und die Überzeugung, eigene Lebensziele erreichen zu können. Chancen und Möglichkeiten werden genutzt, zuversichtlicher Blick in die Zukunft.

X. Anspruchshaltung und Besonders-Sein

Das Schema begünstigende Kindheitserfahrungen: So behandelt worden zu sein, als sei man besonders und herausragend bzw. als habe man eine besondere Behandlung oder Stellung verdient; mangelnde Begrenzung durch die Bezugspersonen.

Manifestation des maladaptiven Schemas heute: Die Überzeugung, dass Regeln und Konventionen, die für andere gelten, für einen selbst aufgrund der eigenen Besonderheit nicht gelten, oft einhergehend mit mangelnder Impulskontrolle und einer mangelnden Fähigkeit für Bedürfnisaufschub / -verzicht.

Transformation in das adaptive Schema „Respekt, Empathie und Rücksicht": Respekt für andere entwickeln; sich in andere einfühlen können; Rücksichtnahme auf die Bedürfnisse anderer, sich selbst als gleichwertig und gleichberechtigt erleben, gesunde Frustrationstoleranz und Kompromissbereitschaft.

XI. Unzureichende Selbstkontrolle

Das Schema begünstigende Kindheitserfahrungen: Meist zu wenig Anleitung hinsichtlich Disziplin, Durchhalten und Struktur bekommen zu haben; wenig Lernmöglichkeiten, einen gesunden Umgang mit angemessenen Leistungsforderungen und Frustrationen zu üben.

Manifestation des maladaptiven Schemas heute: Wenig Selbstdisziplin und Frustrationstoleranz, einhergehend mit Schwierigkeiten, begonnene Aufgaben fertigzustellen. Vor allem monotone und langweilige Aufgaben werden nicht durchgehalten. Hohe Ablenkbarkeit, Desorganisation und wenig Durchhaltewillen.

Transformation in das adaptive Schema „Selbstkontrolle und Durchhaltewille": Die Fähigkeit, sich selbst und spontane Impulse zu regulieren, Bedürfnisse aufzuschieben, an einer Sache dranzubleiben und Frustration auszuhalten. Verfolgung und Erreichen langfristiger Ziele, auch auf Kosten von kurzfristigem Bedürfnisaufschub und Unlust.

XII. Unterordnung und Unterwerfung

Das Schema begünstigende Kindheitserfahrungen: Eigene Bedürfnisse wurden systematisch übergangen und es wurden überwiegend Außenorientierung und Anpassung gefördert.

Manifestation des maladaptiven Schemas heute: Die Tendenz, sich in Beziehungen anderen Menschen unterzuordnen und eigene Bedürfnisse hintanzustellen; das Empfinden, kein Recht auf eigene Gefühle und Bedürfnisse zu haben. Vorauseilender Gehorsam, Angst vor Strafe / Rache.

Transformation in das adaptive Schema „Durchsetzungskraft“: Die Überzeugung und Fähigkeit, sich durchsetzen zu dürfen und zu können; Selbstwirksamkeit erleben, eigene Ziele und Interessen (auch gegen Widerstände) durchsetzen zu können.

XIII. Selbstaufopferung

Das Schema begünstigende Kindheitserfahrungen: Sich als Kind um kranke oder emotional bedürftige Bezugspersonen gekümmert und so früh Verantwortung für sich, die Eltern, Geschwister oder Finanzen übernommen zu haben. Die eigenen Bedürfnisse mussten häufig denen der Bezugsperson geopfert werden (Rollenumkehr zwischen Kind und Bezugsperson).

Manifestation des maladaptiven Schemas heute: Die Überzeugung, immer für andere da sein und dabei eigene Bedürfnisse hintanstellen zu müssen, einhergehend damit, sich schnell verantwortlich zu fühlen. Eigenen Bedürfnissen Raum zu geben ist oft mit Schuldgefühlen verbunden. Mangelnde Fähigkeit, Nein zu sagen; der Selbstwert wird über das Erbringen emotionaler Leistungen oder tatkräftiger Hilfe stabilisiert.

Transformation in das adaptive Schema „Selbstfürsorge“: Gut für sich selbst sorgen, eigene Bedürfnisse und Grenzen wichtig nehmen und kommunizieren können, eine wertschätzende Haltung sich selbst gegenüber, genießen können.

XIV. Streben nach Zustimmung und Anerkennung

Das Schema begünstigende Kindheitserfahrungen: Anerkennung und Bindung nur bei aktivem Bemühen um Aufmerksamkeit erlebt zu haben.

Manifestation des maladaptiven Schemas heute: Ein übermäßiges Bestreben, einen guten Eindruck zu hinterlassen; immer auf der Suche nach bestätigendem Feedback und Lob. Wichtig für den eigenen Selbstwert sind die äußere Erscheinung und der soziale Status.

Transformation in das adaptive Schema „Selbstbestimmtheit und Selbstsicherheit“: Die grundsätzliche Überzeugung, selbstsicher und selbstbestimmt Entscheidungen treffen zu können und zu diesen zu stehen, unabhängig von der Zustimmung anderer.

XV. Emotionale Gehemmtheit

Das Schema begünstigende Kindheitserfahrungen: Dass das Äußern und der Ausdruck von Gefühlen und Bedürfnissen bestraft bzw. abgewertet wurde oder unbeachtet blieb.

Manifestation des maladaptiven Schemas heute: Eine Hemmung, Gefühle auszudrücken oder Gefühlsausdruck zu vermeiden; Festhalten an Ordnungsstrukturen.

Transformation in das adaptive Schema „Emotionale Offenheit und Spontanität“: Eine Offenheit hinsichtlich emotionaler Wahrnehmung und Äußerung sowie spontanem Gefühlsausdruck; Bejahen von Lust, Freude und Spontanität.

XVI. Unerbittliche Ansprüche und Perfektionismus

Das Schema begünstigende Kindheitserfahrungen: Nur sehr gute Leistungen wurden belohnt, Spiel und Spaß wurde zu wenig Wert beigemessen oder wurden bestraft.

Manifestation des maladaptiven Schemas heute: Eine extrem kritische Haltung und unverhältnismäßig hohe Standards sich selbst und / oder anderen gegenüber. Sich ständig unter Druck fühlen und das Gefühl haben, mehr machen und besser sein zu müssen als andere.

Transformation in das adaptive Schema „Realistische Erwartungen": Realistische, angemessene Erwartungen an sich und andere haben, realistische Bewertungsmaßstäbe anlegen, sich Erholungsphasen ohne Leistungsanspruch zugestehen, Fehlertoleranz.

XVII. Negatives Hervorheben

Das Schema begünstigende Kindheitserfahrungen: Immer wieder enttäuscht worden zu sein oder (depressive) Bezugspersonen mit einer pessimistischen Grundstimmung und Angst vor Neuem erlebt zu haben.

Manifestation des maladaptiven Schemas heute: Fokus auf das Negative, Enttäuschungen, peinliche Situationen.

Transformation in das adaptive Schema „Positives Hervorheben": Ein grundsätzlicher Optimismus und auf positive Erlebnisse fokussieren bzw. sie hervorheben; eine lebensbejahende Grundhaltung einnehmen können und die Fähigkeit entwickeln, negative Erfahrungen abzuhaken.

XVIII. Strafneigung

Das Schema begünstigende Kindheitserfahrungen: Fehlverhalten, Bedürftigkeit und Schwächen wurden stark verurteilt und/oder hart bestraft.

Manifestation des maladaptiven Schemas heute: Eigene Schwächen und Fehler bzw. die anderer werden nicht akzeptiert oder vergeben. Mangel an Mitgefühl, Fehler werden nachgetragen.

Transformation in das adaptive Schema „Selbstmitgefühl und Vergebung": Die Fähigkeit zu Selbstmitgefühl; sich Fehler verzeihen können, sich und anderen vergeben können; sich und anderen erlauben, unvollkommen und menschlich zu sein.

In der Therapie werden Sie mit Ihrem Therapeuten die für Sie relevanten Schemata herausarbeiten, was Ihnen helfen wird, besser zu verstehen, warum für Sie manche Situationen immer wieder herausfordernd sind. Unterstützend bei der Suche nach eigenen maladaptiven und adaptiven Schemata kann eine wache und achtsame Selbstbeobachtung und Selbstreflexion sein – was wir in der Therapie und maßgeblich mit diesem Journal schärfen und trainieren möchten.

Woran erkennen Sie, dass ein Schema aktiviert ist? Vor allem daran, dass Sie in bestimmten Situationen besonders emotional und intensiv reagieren. Wer z. B. ein Verlassenheits-Schema entwickelt hat, weil auf wichtige Bezugspersonen in der Kindheit kein Verlass war, kann sehr stark reagieren, wenn plötzlich ein Freund einen Termin absagt oder der Partner sich um eine halbe Stunde verspätet.

Reflexion: Wie ist es bei mir?

Lesen Sie die oben aufgelisteten Schemata erneut durch und streichen Sie diejenigen an, in denen Sie sich wiedererkennen. Besprechen Sie diese in einer der nächsten Therapiesitzungen mit Ihrem Therapeuten.

Wir finden es wichtig, die eigenen Schemata zu kennen und auch zu verstehen, wie diese entstanden sind. Allerdings wollen wir hier betonen: Es geht nicht darum, etwaige „Schuldige" zu suchen und in der „Innenschau" und „Vergangenheitsbewältigung" zu verharren. Es geht eher darum, die eigenen Lebensfallen zu kennen und zu üben, sich aus ihnen zu befreien. „Ohne ein aktives Anders-Herangehen an das eigene Leben, wird sich in der Regel wenig ändern" (Jacob 2024).

4. Modusmodell

Neben dem Schemamodell entwickelt Jeffrey Young (2005) auch das Modusmodell. Das Wort Modus (Plural: Modi) kommt aus dem Lateinischen und bedeutet „Art und Weise" oder Zustand. Je nach Situation denken, fühlen und verhalten wir uns auf unterschiedliche „Arten und Weisen". Situationsabhängig sind wir also in einem bestimmten Modus oder Zustand.

In der Schematherapie arbeiten wir auf zwei Ebenen, die wir dabei verbinden: die Schema- und die Modusebene.

Auf der **Schemaebene** geht es darum zu wissen, welche negativen Schemata im **Hintergrund** aktiviert und wie sie biografisch entstanden sind. Diese Ebene ermöglicht es, intrapsychische Prozesse zu verstehen und zu reflektieren. Wenn wir die eigenen Schemata kennen, hilft uns das, schwierige Situationen im Alltag wahrzunehmen und besser mit ihnen umzugehen.

Auf der **Modusebene** beschäftigen wir uns damit, welche Modi im **Vordergrund** aktiviert sind. Das ermöglicht uns, aktuelle Zustände zu beschreiben, zu besprechen und zu bearbeiten. Zu einem situationsabhängigen Modus gehören Gefühle, Gedanken, Körperempfindungen und Verhaltensweisen. Wir sprechen hier auch von einer „Seite", z. B. von der „traurigen Seite", der „aggressiven", „angepassten" oder „antreibenden Seite". Anders als Schemata sind Modi teilweise beobachtbar. So kann man wahrnehmen und beschreiben, dass das Gegenüber gerade traurig, ängstlich oder aggressiv wirkt, über sich oder andere schimpft, sich sehr zurücknimmt oder dominant auftritt, auch ohne zu wissen, welches Schema im Hintergrund diesen Zustand ausgelöst hat.

Vereinfacht könnte man sagen: Das Modusmodell beschreibt, *was* wir in der jeweiligen Situation denken, fühlen, spüren und tun. Das Schemamodell erklärt, *warum* wir in bestimmten Situationen im Alltag besonders intensiv fühlen, so negativ denken und übermäßig stark und ungünstig reagieren.

Wie eingangs beschrieben, wurde die Schematherapie seit ihrer Entstehung immer weiterentwickelt. Verschiedene Arbeitsgruppen haben auch das Modusmodell weiter ausdifferenziert und teilweise unterschiedliche Schwerpunkte oder Definitionen etabliert. Die Modi, die wir Ihnen in diesem Journal vorstellen, orientieren sich an dem Modell von Eckhard Roediger (Roediger & Valente 2020).

Gefühlsmodus

Hier spielen sogenannte Basisemotionen wie Angst, Trauer, Ekel oder Wut die entscheidende Rolle. Auch Freude gehört zu den Basisemotionen, hat aber hier insofern eine Sonderstellung, als dass sie dem gesunden Erwachsenenmodus zur Seite gestellt wird als einen emotionalen Zustand, den wir fördern wollen. Im Modell nach Eckhard Roediger fassen wir unter dem Gefühlsmodus alle Emotionen zusammen, die gemeinhin als „schwierig" gelten. In diesem Kontext unterscheiden wir jedoch nicht, ob eine dieser Emotionen in einer bestimmten Situation „angemessen" ist oder nicht.

Manchmal wird der Gefühlsmodus auch Kindmodus genannt, was damit zusammenhängt, dass die Basisemotionen ungefiltert und unzensiert empfunden und ausgedrückt werden – so, wie es auch Kleinkinder tun würden. Zudem fühlen wir uns in diesem Modus manchmal wieder so wie damals, „als Kind in der Schemaprägungssituation".

Wir stellen es Ihnen frei, ob Sie vom Gefühls- oder vom Kindmodus sprechen möchten. Wählen Sie den Begriff, der Sie eher anspricht. Gemeint ist in jedem Fall unsere „gefühlige Seite", der Teil in uns, der manchmal schreckliche Angst hat, sich unendlich traurig, einsam oder rasend vor Wut fühlt.

Wenn das Gefühl für die gegenwärtige Situation „unangemessen" stark oder schwach ausgeprägt ist, könnte dies ein Hinweis auf ein im Hintergrund aktiviertes Schema sein. Dann haben wir, bildlich gesprochen, wieder die „alte Brille" auf, was den Stress in der gegenwärtigen Situation deutlich erhöht.

Kritiker- / Antreibermodus

Hierunter verstehen wir problematische Glaubenssätze, meist generalisierte und überkritische Annahmen über die Welt und andere Menschen, z. B.: „Die Welt ist schlecht." „Man kann niemanden vertrauen." Zum Kritikermodus gehören auch abwertende Einstellungen und überhöhte Ansprüche an sich selbst, z. B.: „Ich bin schlecht, dumm, langweilig, langsam." „Ich darf keine Fehler machen."

In der Schematherapie formulieren wir die Sätze als Du-Botschaften, z. B.: „Du bist nicht liebenswert." Das tun wir, um deutlich zu machen, dass es sich hierbei um Gedanken handelt und nicht um Realitäten. Es hilft, eine Distanz zu diesen meist toxischen und nicht hilfreichen Botschaften zu entwickeln. In der Therapie besteht das Ziel darin, immer mehr Abstand zu diesen problematischen Glaubenssätzen zu gewinnen und gleichzeitig hilfreiche, stärkende und positive Glaubenssätze im gesunden Erwachsenenmodus zu entwickeln.

Der Kritikermodus ist abzugrenzen von einer gesunden Selbstkritik, die zum gesunden Erwachsenenmodus gehört. Mit dem Kritiker- und Antreibermodus sind destruktive Selbstabwertungen und übermäßige Leistungsanforderungen gemeint.

Dysfunktionale Bewältigungsmodi

Unter den dysfunktionalen Bewältigungsmodi versteht man in der Schematherapie Reaktions- und Verhaltensweisen, die früher einmal hilfreich waren, heute aber ungünstig (geworden) sind, um schwierige Situationen zu bewältigen. Wir sprechen hier also immer von Bewältigungsmodi, die problematisch sind. Es gibt natürlich auch gesunde Bewältigungsstrategien, die in der Schematherapie unter dem gesunden Erwachsenenmodus zusammengefasst werden.

Folgende drei dysfunktionale Bewältigungsmodi werden unterschieden:

Unterordnungmodus

Hier steht das Bindungsbedürfnis im Vordergrund. Menschen in diesem Modus versuchen meist, sich sehr stark anzupassen, sich aufzuopfern, es anderen recht zu machen. Im Kontakt und in der Begegnung mit anderen Menschen leiden sie oft unter starken Scham- und Schuldgefühlen.

Wer in diesem Modus ist, versucht Beziehungen selbst dann aufrechtzuerhalten, wenn sie ihm nicht guttun. Im Hintergrund wirken oft Schemata wie z. B. Verlassenheit, Unzulänglichkeit oder Abhängigkeit.

Vermeidungmodus

Dieser Modus hat „viele Gesichter“, das Ziel ist aber immer eine Gefühlsvermeidung, also das Nicht-in-Kontakt-Kommen mit schwierigen

Gefühlen und den eigenen Bedürfnissen. Ausdruck findet dieser Modus einerseits in „passiven Strategien“ wie innere Leere, Dissoziation, Nicht-Wahrnehmen und Nicht-Zeigen von Gefühlen, Suizidgedanken und sozialem Rückzug.

Ein Vermeidungsmodus kann sich andererseits auch in „aktiven Strategien“ oder Verhaltensexzessen zeigen, etwa, wenn Menschen exzessiv Sport treiben, extrem viel und intensiv arbeiten, übermäßig putzen, hungern oder mit Essanfällen zu kämpfen haben; wenn sie exzessiv shoppen, sich dauerhaft ablenken, zu übermäßigem Medien-, Drogen-, Alkohol-, Medikamenten- und Nikotinkonsum, Spielsucht oder Selbstverletzung neigen.

Kampfmodus

Hier steht (oft unbewusst) das Bedürfnis nach Autonomie, Identität und Kompetenz im Vordergrund. Menschen in diesem Modus versuchen, andere abzuwerten, zu kritisieren, zu kontrollieren, zu manipulieren und zu dominieren. Dieser Modus wird auch Überkompensationsmodus genannt. Wenn Menschen so auftreten, kann es gut sein, dass dahinter Schema-Aktivierungen wie Unzulänglichkeit, Misstrauen und Versagen stehen. Wenn man andere abwertet oder sie unter Kontrolle hält, kann sich manchmal kurzfristig ein Gefühl von Sicherheit, Überlegenheit oder Selbstbestimmung einstellen. Solche Strategien gehen allerdings meist zu Lasten der Bindung.

Welche Funktion haben dysfunktionale Bewältigungsmodi?

Wenn Sie Ihre Bewältigungsmodi reflektieren, ist eines ganz wichtig: All diese Seiten hatten in der Vergangenheit ihre Berechtigung. Diese Modi sind nämlich aus guten Gründen entstanden. Für Sie als Kind waren Bewältigungsmodi oftmals „Überlebensstrategien“ in Ihrer frühen Prägungsgeschichte. Damals waren sie durchaus angemessen – als Strategie, emotionale Grundbedürfnisse zumindest halbwegs zu befriedigen.

Vielleicht war es in Ihrer Kindheit wichtig, Gefühle nicht so genau wahrzunehmen, durch Tagträume oder Dissoziation (Abspaltung verschiedener Sinneseindrücke) Ihrer Seele eine kurze „Auszeit“ von einem Zuviel an Gewalt, Konflikten und unangenehmen Gefühlen zu ermöglichen. Vielleicht konnten Sie sich nur Gehör verschaffen oder gesehen werden, wenn

Sie sich immer ganz besonders angestrengt haben, besonders angepasst, perfekt oder sehr laut waren. In Ihrem Erwachsenenleben erweisen sich die Bewältigungsmodi aber vor allem mittel- und langfristig als Problem und halten Sie letztlich davon ab, zu bekommen, was Sie wirklich brauchen. Sie hindern Sie also daran, Ihre emotionalen Grundbedürfnisse zu erfüllen.

Gesunder Erwachsenenmodus

In der Schematherapie verfolgen wir als übergeordnetes Ziel die Stärkung des gesunden Erwachsenenmodus. Unter Letzterem versteht man die Seite in uns, die flexibel auf schwierige Situationen reagieren kann. Es ist also die Seite, die sich – je nach Situation – mehr anzupassen oder besser abzugrenzen vermag. In diesem Modus gelingt es, auch intensive Gefühle gut zu regulieren, gut für sich zu sorgen, sich selbst zu verzeihen, freundlich zu sich zu sein und sich selbst zu ermutigen. Gleichzeitig ermöglicht uns diese Seite, schwierige Situationen durchzustehen, Frust auszuhalten, anderen hilfreich beizustehen und uns gleichzeitig abzugrenzen. Weitere Fähigkeiten des gesunden Erwachsenenmodus finden Sie unter den Zielen der Schematherapie auf Seite 39.

Grundlegend kann man zusammenfassen: Im gesunden Erwachsenenmodus begegnen wir uns selbst auf eine Weise, wie es z. B. ein „gutes Elternteil“ tun würde. Außerdem können wir flexibel zwischen Bindung und Selbstbehauptung pendeln. Wenn wir destruktive Selbstkritik (Kritiker- / Antreibermodus) reduzieren und uns aus dem gesunden Erwachsenenmodus liebevoll und regulativ zu unseren Gefühlen und Bedürfnissen hinwenden können, ist die wesentliche Basis psychischer Stabilität gegeben (Yakin et al. 2020).

In Ihrer Schematherapie werden Sie gemeinsam mit Ihrer Therapeutin immer wieder eigene schwierige Situationen reflektieren und in Ihr persönliches Modusmodell einordnen. Mit der Zeit werden Sie so besser verstehen, warum Sie sich in diesen Situationen entsprechend fühlen und warum Sie auf eine bestimmte Weise reagieren. Sie werden gemeinsam Strategien entwickeln, wie es Ihnen gelingen kann, zunehmend in Ihren gesunden Erwachsenenmodus zu kommen und sich von diesem in Ihrem Denken und Handeln leiten zu lassen.

Auf der Ebene des Modusmodells geht es also darum, Ihren gesunden Erwachsenenmodus zu stärken, damit er den Kritiker- und Antreibermodus besser begrenzen oder innerlich „durchwinken" und den Gefühls-Modus regulieren kann. Auf der Ebene des Schemamodells geht es darum, ein maladaptives Schema zu reduzieren und ein adaptives Schema aufzubauen.

Mit folgendem Beispiel möchten wir die Logik des Modusmodells darstellen:

Nehmen wir an, jemand wächst in einem sehr regelbetonten, leistungsorientierten und „spaßbefreiten" Elternhaus auf, in dem das Bedürfnis nach Spiel und Spontanität nicht ausreichend erfüllt wird. Bei diesem Menschen kann sich das Schema „Unerbittliche Ansprüche" ausbilden und der Antreibermodus kann dazu führen, dass sich diese Person im Alltag immer sehr stark anstrengt, sehr viel arbeitet, perfektionistische Ansprüche an sich stellt und sich kaum Regeneration und Erholung gönnt. Ein solcher Lebensstil könnte auf Dauer zu einer chronischen Erschöpfung und depressiven Verstimmung führen.

Wenn dieser Mensch sich nun zu einer Schematherapie entschließt, wären folgende Ziele denkbar: Abstand nehmen von den „unerbittlichen Ansprüchen", sich distanzieren von den „leistungsfordernden Antreibern", Selbstfürsorge und Selbstakzeptanz ohne Leistungsanspruch einüben, mehr Zeit und Freiräume schaffen für Leichtigkeit, Pausen zur Erholung und Müßiggang.

Wie dies schrittweise gelingen kann, werden Sie in den kommenden Wochen in der Therapie erarbeiten. Anregungen zu Übungen dazu finden Sie ab Seite 119.

Reflexion: Wie ist es bei mir?

Lesen Sie die Charakteristika der Modi erneut durch und überlegen Sie, welche davon Sie von sich kennen. Besprechen Sie diese in der Therapie und gestalten Sie gemeinsam mit Ihrem Therapeuten Ihr persönliches Modusmodell (siehe Seite 36, unter II. 7).

Manchmal ist es erst nach der Herausarbeitung des Modusmodells möglich, konkrete Therapieziele zu formulieren.

5. Phasen einer Schematherapie

Anfangsphase

1. Fragen zur Symptomatik, zur Biografie und zu therapeutischen Vorerfahrungen, ggf. Einsatz von Fragebögen
2. Psychoedukation: Informationen zu den individuellen Symptomen / dem Krankheitsbild und Informationen zur Schematherapie (siehe Seiten 9–32)
3. Erstellung des Modusmodells, das sich im Verlauf erweitern wird (siehe Seite 36)
4. Erarbeitung von individuellen Therapiezielen (siehe Seite 39)
5. Erstellung eines Notfallplans und Strategien zum Umgang mit intensiven Gefühlen (siehe Seite 43)

Hauptphase

1. Emotionsaktivierende (Stühledialoge, Imaginationsübungen, Arbeit innerhalb der Therapiebeziehung) und kognitive Techniken in der Therapiesitzung, um maladaptive Schemata und Modi zu erkennen, chronische Konfliktmuster zu verändern, Selbstkritik zu reduzieren und Selbstfürsorge und Emotionsregulation zu verbessern
2. Therapeutische Hausaufgaben zwischen den Sitzungen (siehe Übungsvorschläge ab Seite 119)

Abschlussphase

1. Fokus liegt immer mehr auf der Stärkung des gesunden Erwachsenenmodus
2. Therapiereflexion und ggf. Evaluation der Symptomveränderung durch Fragebögen

II.

Selbstreflexion

6. Meine Symptome und therapeutische Vorerfahrungen

Unter diesen Symptomen / Beschwerden leide ich seit .... am meisten:

(Beispiel: Schlafstörungen seit 2018)

Ich glaube, dass meine Probleme durch XY entstanden sind:

(Z. B. durch bestimmte Erfahrungen)

Folgendes habe ich schon versucht, um meine Probleme anzugehen:

(Beispiele: ambulante oder stationäre Therapie, Coaching, Sport, Meditation)

Das war hilfreich:

Das war weniger hilfreich:

7. Mein Modusmodell

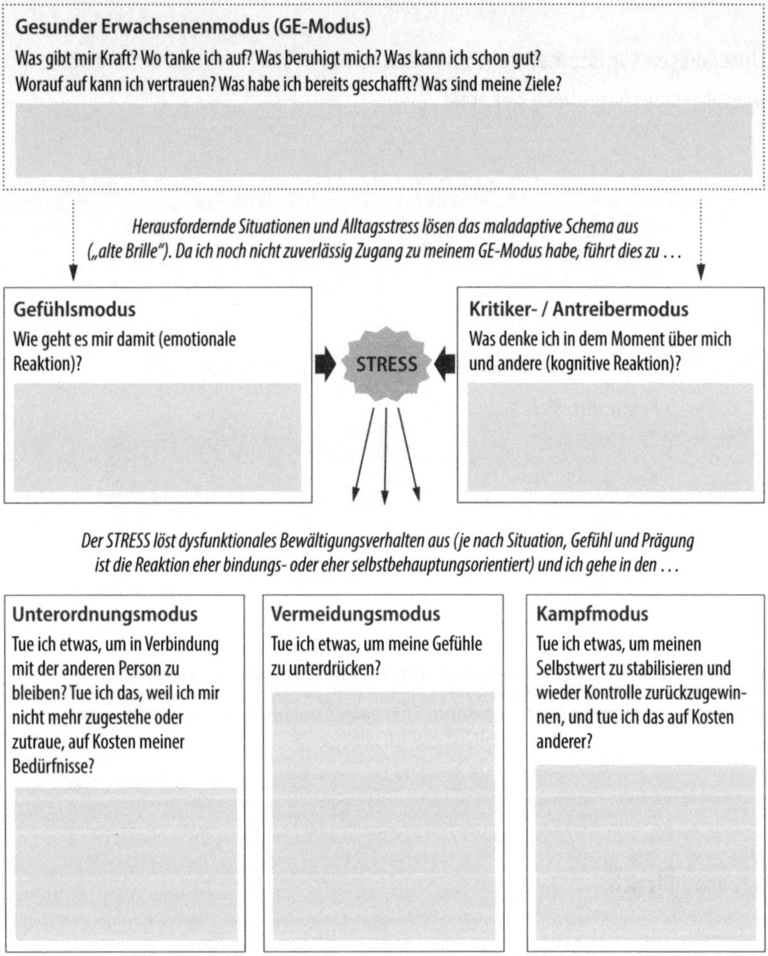

Abbildung 2: Vorlage für Ihr individuelles Modusmodell

Anmerkung: Sehen Sie diese Vorlage von uns als Angebot. Es gibt verschiedene Möglichkeiten, das Modusmodell grafisch darzustellen. Nutzen Sie gerne auch die Vorlage, die Sie in Ihrer Schematherapie erhalten.

Nutzen Sie gerne die Download-Version des Vordrucks, um ihr eigenes Modusmodell zu gestalten und bringen Sie ihn dann – ausgedruckt oder auf Ihrem elektronischen Gerät – mit in die nächste Sitzung.

Alternativ oder zusätzlich können Sie auch diese zwei Seiten nutzen, um direkt im Journal Ihre typischen Modi zu notieren.

Gesunder Erwachsenenmodus:

Antreiber- /Kritikermodus:

Unterordnungsmodus:

Vermeidungsmodus:

Kampfmodus:

8. Meine Therapieziele

Neben dem Erkennen und Verstehen eigener Muster und der Reduktion belastender Symptome – wie Ängste, Zwänge, traumatisches Wiedererleben, Niedergeschlagenheit, Impulsivität, Konsumverhalten, Verhaltenssüchte etc. – streben wir in der Schematherapie an, den gesunden Erwachsenenmodus zu stärken, also die Seite in uns, der es beispielsweise gelingt:

- zu kooperieren
- anderen zu helfen
- sich in andere einzufühlen
- eigene Gefühle und Bedürfnisse wahrzunehmen und zu äußern
- gut für sich zu sorgen
- sich selbst anzunehmen und zu akzeptieren
- sich selbst wertzuschätzen
- Mitgefühl mit sich zu entwickeln und freundlich zu sich zu sein
- sich und anderen zu verzeihen
- starke Gefühle zu regulieren
- sich mehr zutrauen und weniger an sich zweifeln
- gut mit Stress und Belastungen umzugehen
- sich selbst zu trösten und zu beruhigen
- Verantwortung für die eigenen Gefühle und Handlungen zu übernehmen
- die eigene Lebensgeschichte zu verstehen und anzunehmen
- durchzuhalten, sich für die eigenen Ziele anzustrengen und Frustration auszuhalten
- sich abzugrenzen
- für sich einzustehen und sich durchzusetzen
- zwischen Anpassung / Bindung und Abgrenzung / Selbstbehauptung flexibel zu pendeln
- Abschwächung des maladaptiven / negativen Schemas und Aufbau eines adaptiven / positiven Schemas

Wie ist es bei mir?

Formulieren Sie hier Ihre persönlichen Therapieziele. Lassen Sie sich leiten von dem Gedanken:

In der Therapie möchte ich Folgendes lernen oder folgende Fähigkeiten weiterentwickeln.

Versuchen Sie, Ihre Ziele möglichst konkret und positiv zu formulieren. Anstatt zu formulieren, was Sie nicht mehr in Ihrem Leben haben wollen, schreiben Sie bitte auf, was genau Sie erreichen möchten. Beispiel: „Ich möchte bald wieder regelmäßig mit meinen Freundinnen ins Kino gehen" anstatt: „Ich will keine Angst mehr haben, wenn ich unter Menschen bin." Oder: „Ich möchte lernen, mich selbst wertzuschätzen und mich anzunehmen" anstatt „Ich will mich nicht mehr ablehnen."

Meine Ziele in der Therapie sind:

....

....

....

....

....

....

....

....

....

....

....

....

....

....

....

....

Gesunder Erwachsenenmodus (GE-Modus)

Ich kenne meine Kraft- und Erholungsorte und Aktivitäten, die mich auftanken lassen.
Ich pflege meine Hobbies und den Kontakt zu meinen Wohlfühlmenschen.
Ich habe Strategien, um mich zu beruhigen und zu entspannen.
Ich kenne meine Werte und Ziele.
Ich kann kooperieren und gleichzeitig gesunde Grenzen setzen und für mich eintreten.
Ich distanziere mich von destruktiver Selbstkritik und begrenze meinen Kritiker-/Antreibermodus.
Ich spüre meine Gefühle und reguliere sie.
Ich integriere meine emotionalen Bedürfnisse in den Alltag.

Herausfordernde Situationen und Alltagsstress lösen noch manchmal das maladaptive Schema aus („alte Brille"). Diese Aktivierung nehme ich jetzt bewusst wahr und kann sie jetzt besser aus meinem GE-Modus regulieren („neue Brille").

STOP

Gefühlsmodus

Ich nehme meine Gefühle wahr und an.

Ich nutze sie als Botschafter für meine emotionalen Bedürfnisse.

Ich kann mich trösten und beruhigen.

Auch Wut erlaube ich mir und übe mich darin, sie adäquat auszudrücken.

STRESS

Kritiker-/Antreibermodus

Ich begrenze selbstkritische und übermäßig antreibende Gedanken und entziehe ihnen die Macht über mein Leben.

Ich bin mir des Ursprungs meiner Glaubenssätze bewusst.

Ich schreibe meine Geschichte nicht mehr fort, sondern neu.

Ich habe angemessene und realistische Erwartungen an andere und respektiere andere Sichtweisen.

Ich winke destruktive Gedanken einfach durch.

Dadurch brauche ich das dysfunktionale Bewältigungsverhalten deutlich weniger.

Unterordnungsmodus

Je mehr ich den GE-Modus entwickle, desto weniger brauche ich den Unterordnungsmodus.

Ich stelle meine Bedürfnisse nicht mehr um jeden Preis zurück. Ich kann Nein sagen und zu meiner Meinung stehen.

Vermeidungsmodus

Je mehr ich den GE-Modus entwickle, desto weniger brauche ich den Vermeidungsmodus.

Ich unterdrücke meine Gefühle nicht mehr, denn ich weiß, dass ich auch starke Gefühle aushalten und gut regulieren kann und dass selbst das unangenehmste Gefühl wieder vorbeigeht.

Kampfmodus

Je mehr ich den GE-Modus entwickle, desto weniger brauche ich den Kampf-Modus.

Ich muss andere nicht mehr kritisieren und kontrollieren, um meinen Selbstwert zu stabilisieren.

Ich weiß, wer ich bin und was ich kann und bleibe bei mir. Ich kann meine Bedürfnisse jetzt äußern, ohne laut, manipulativ oder kontrollierend zu werden.

Abbildung 3: Beispielhaftes Modusmodell nach erfolgreicher Schematherapie

9. Meine Ressourcen

Unter Ressourcen, die ein wichtiger Teil des gesunden Erwachsenenmodus sind, verstehen wir unsere Fähigkeiten, Gedanken und Weltanschauungen, aber auch bestimmte Dinge oder Aktivitäten, die uns Kraft geben, uns auftanken lassen, uns Mut machen oder die uns leichtfallen. Ebenso können andere Menschen eine stärkende Ressource sein.

Im Folgenden haben Sie Platz, um Ihre persönlichen Ressourcen aufzulisten. Wenn Sie sich im Lauf der Therapie weiterer Ressourcen bewusst werden, können Sie die Liste immer wieder ergänzen:

10. Mein Notfallplan

In Krisensituationen, wenn Sie sich von intensiven Gefühlen überwältigt fühlen, ist es sinnvoll, einen Plan zur Hand zu haben. Ohne viel nachdenken zu müssen, hilft er Ihnen zu handeln und so eine Notfallsituation besser auszuhalten bzw. schneller zu beenden. Wenn Sie die Erfahrung machen: „Ich kann mir in einer solchen Situation selbst beistehen und helfen", verringert das Ihr Gefühl der Ohnmacht und stärkt Ihr Gefühl der Selbstwirksamkeit und Kontrolle.

Erarbeiten Sie mit Ihrem Therapeuten einen möglichst konkreten Plan für potenzielle Krisensituationen.

Das kann ich tun, wenn ich stark unter Spannung stehe. Diese Skills kann ich anwenden, um mich in Situationen, in denen ich unter Hochstress stehe, abzulenken oder zu beruhigen:

....

....

....

....

....

....

....

Das kann ich tun, wenn ich Suizidgedanken habe (z. B.: die oben aufgeschriebenen Skills anwenden, wichtige Telefonnummern, die ich anrufen kann):

....

....

....

....

....

....

11. Meine Selbsthilfestrategien

Auch wenn Sie gerade nicht von einer akuten Krise überwältigt sind, ist es gut zu wissen, was Sie brauchen, was Ihnen guttut, wenn Sie sehr im Gefühlsmodus sind.

Schreiben Sie auf, was Ihnen hilft, mit herausfordernden Gefühlen umzugehen.

Das kann ich tun, wenn ich traurig bin:

....

....

....

....

....

....

....

....

....

Das kann ich tun, wenn ich Angst habe:

....

....

....

....

....

....

....

....

....

Das kann ich tun, wenn ich wütend bin:

12. Meine Therapiereflexionen und Erfahrungen mit den Übungen

Therapiesitzung Nr. ....

Datum: ....

Wichtigstes Thema der Therapiesitzung:

....

....

....

Das nehme ich mit:

....

....

....

Bis zur nächsten Therapiesitzung übe ich mich in der Stärkung meines gesunden Erwachsenenmodus, indem ich …:

....

....

....

Dafür nehme ich mir konkret vor:
(z. B. Übungen aus dem Journal ab Seite 119)

....

....

....

Meine Woche

Das habe ich ausprobiert und dabei ist mir aufgefallen:

Therapiesitzung Nr. ....

Datum: ....

Wichtigstes Thema der Therapiesitzung:

....

....

....

....

Das nehme ich mit:

....

....

....

....

Bis zur nächsten Therapiesitzung übe ich mich in der Stärkung meines gesunden Erwachsenenmodus, indem ich …:

....

....

....

....

Dafür nehme ich mir konkret vor:
(z. B. Übungen aus dem Journal ab Seite 119)

....

....

....

....

Meine Woche

Das habe ich ausprobiert und dabei ist mir aufgefallen:

Therapiesitzung Nr. ....

Datum: ....

Wichtigstes Thema der Therapiesitzung:

....

....

....

....

Das nehme ich mit:

....

....

....

....

Bis zur nächsten Therapiesitzung übe ich mich in der Stärkung meines gesunden Erwachsenenmodus, indem ich …:

....

....

....

....

Dafür nehme ich mir konkret vor:
(z. B. Übungen aus dem Journal ab Seite 119)

....

....

....

....

Meine Woche

Das habe ich ausprobiert und dabei ist mir aufgefallen:

Therapiesitzung Nr. ....

Datum: ....

Wichtigstes Thema der Therapiesitzung:

....

....

....

....

Das nehme ich mit:

....

....

....

....

Bis zur nächsten Therapiesitzung übe ich mich in der Stärkung meines gesunden Erwachsenenmodus, indem ich …:

....

....

....

....

Dafür nehme ich mir konkret vor:
(z. B. Übungen aus dem Journal ab Seite 119)

....

....

....

....

Meine Woche

Das habe ich ausprobiert und dabei ist mir aufgefallen:

Therapiesitzung Nr. ....

Datum: ....

Wichtigstes Thema der Therapiesitzung:

....

....

....

....

Das nehme ich mit:

....

....

....

....

Bis zur nächsten Therapiesitzung übe ich mich in der Stärkung meines gesunden Erwachsenenmodus, indem ich …:

....

....

....

....

Dafür nehme ich mir konkret vor:
(z. B. Übungen aus dem Journal ab Seite 119)

....

....

....

....

Meine Woche

Das habe ich ausprobiert und dabei ist mir aufgefallen:

Meine Fortschritte

Diese Erkenntnisse / Erfahrungen in der Therapie waren für mich bisher besonders bedeutsam:

Das erlebe ich als hilfreich in der Therapie:

Das hätte ich gerne anders in der Therapie:

Therapiesitzung Nr. ....

Datum: ....

Wichtigstes Thema der Therapiesitzung:

....

....

....

....

Das nehme ich mit:

....

....

....

....

Bis zur nächsten Therapiesitzung übe ich mich in der Stärkung meines gesunden Erwachsenenmodus, indem ich …:

....

....

....

....

Dafür nehme ich mir konkret vor:
(z. B. Übungen aus dem Journal ab Seite 119)

....

....

....

....

Meine Woche

Das habe ich ausprobiert und dabei ist mir aufgefallen:

Therapiesitzung Nr. ....

Datum: ....

Wichtigstes Thema der Therapiesitzung:

....

....

....

....

Das nehme ich mit:

....

....

....

....

Bis zur nächsten Therapiesitzung übe ich mich in der Stärkung meines gesunden Erwachsenenmodus, indem ich …:

....

....

....

....

Dafür nehme ich mir konkret vor:
(z. B. Übungen aus dem Journal ab Seite 119)

....

....

....

....

Meine Woche

Das habe ich ausprobiert und dabei ist mir aufgefallen:

Therapiesitzung Nr. ....

Datum: ....

Wichtigstes Thema der Therapiesitzung:

....

....

....

....

Das nehme ich mit:

....

....

....

....

Bis zur nächsten Therapiesitzung übe ich mich in der Stärkung meines gesunden Erwachsenenmodus, indem ich …:

....

....

....

....

Dafür nehme ich mir konkret vor:
(z. B. Übungen aus dem Journal ab Seite 119)

....

....

....

....

Meine Woche

Das habe ich ausprobiert und dabei ist mir aufgefallen:

Therapiesitzung Nr. ....

Datum: ....

Wichtigstes Thema der Therapiesitzung:

....

....

....

....

Das nehme ich mit:

....

....

....

....

Bis zur nächsten Therapiesitzung übe ich mich in der Stärkung meines gesunden Erwachsenenmodus, indem ich ...:

....

....

....

....

Dafür nehme ich mir konkret vor:
(z. B. Übungen aus dem Journal ab Seite 119)

....

....

....

....

Meine Woche

Das habe ich ausprobiert und dabei ist mir aufgefallen:

Therapiesitzung Nr. ....

Datum: ....

Wichtigstes Thema der Therapiesitzung:

....

....

....

....

Das nehme ich mit:

....

....

....

....

Bis zur nächsten Therapiesitzung übe ich mich in der Stärkung meines gesunden Erwachsenenmodus, indem ich ...:

....

....

....

....

Dafür nehme ich mir konkret vor:
(z. B. Übungen aus dem Journal ab Seite 119)

....

....

....

....

Meine Woche

Das habe ich ausprobiert und dabei ist mir aufgefallen:

Meine Fortschritte

Diese Veränderungen hinsichtlich meiner Symptome, meiner Gedanken, meiner Gefühle und meines Verhaltens nehme ich seit Therapiebeginn bereits wahr:

Diese neuen Ziele/Themen haben sich für mich ergeben:

Das kann ich selbst (noch mehr) dazu beitragen, um meinen Therapiezielen näherzukommen:

Das ist mir darüber hinaus aufgefallen / wichtig:

Therapiesitzung Nr. ……………………

Datum: ……………………………………

Wichtigstes Thema der Therapiesitzung:

……………………………………………………………………………………………………

……………………………………………………………………………………………………

……………………………………………………………………………………………………

……………………………………………………………………………………………………

Das nehme ich mit:

……………………………………………………………………………………………………

……………………………………………………………………………………………………

……………………………………………………………………………………………………

……………………………………………………………………………………………………

Bis zur nächsten Therapiesitzung übe ich mich in der Stärkung meines gesunden Erwachsenenmodus, indem ich …:

……………………………………………………………………………………………………

……………………………………………………………………………………………………

……………………………………………………………………………………………………

……………………………………………………………………………………………………

Dafür nehme ich mir konkret vor:
(z. B. Übungen aus dem Journal ab Seite 119)

……………………………………………………………………………………………………

……………………………………………………………………………………………………

……………………………………………………………………………………………………

……………………………………………………………………………………………………

Meine Woche

Das habe ich ausprobiert und dabei ist mir aufgefallen:

Therapiesitzung Nr. ....

Datum: ....

Wichtigstes Thema der Therapiesitzung:

....

....

....

....

Das nehme ich mit:

....

....

....

....

Bis zur nächsten Therapiesitzung übe ich mich in der Stärkung meines gesunden Erwachsenenmodus, indem ich ...:

....

....

....

....

Dafür nehme ich mir konkret vor:
(z. B. Übungen aus dem Journal ab Seite 119)

....

....

....

....

Meine Woche

Das habe ich ausprobiert und dabei ist mir aufgefallen:

Therapiesitzung Nr. ....

Datum: ....

Wichtigstes Thema der Therapiesitzung:

Das nehme ich mit:

Bis zur nächsten Therapiesitzung übe ich mich in der Stärkung meines gesunden Erwachsenenmodus, indem ich ...:

Dafür nehme ich mir konkret vor:
(z. B. Übungen aus dem Journal ab Seite 119)

Meine Woche

Das habe ich ausprobiert und dabei ist mir aufgefallen:

Therapiesitzung Nr. ……………………

Datum: ……………………………………

Wichtigstes Thema der Therapiesitzung:

……………………………………………………………………………

……………………………………………………………………………

……………………………………………………………………………

……………………………………………………………………………

Das nehme ich mit:

……………………………………………………………………………

……………………………………………………………………………

……………………………………………………………………………

……………………………………………………………………………

Bis zur nächsten Therapiesitzung übe ich mich in der Stärkung meines gesunden Erwachsenenmodus, indem ich …:

……………………………………………………………………………

……………………………………………………………………………

……………………………………………………………………………

……………………………………………………………………………

Dafür nehme ich mir konkret vor:
(z. B. Übungen aus dem Journal ab Seite 119)

……………………………………………………………………………

……………………………………………………………………………

……………………………………………………………………………

……………………………………………………………………………

Meine Woche

Das habe ich ausprobiert und dabei ist mir aufgefallen:

Therapiesitzung Nr. ....

Datum: ....

Wichtigstes Thema der Therapiesitzung:

....

....

....

....

Das nehme ich mit:

....

....

....

....

Bis zur nächsten Therapiesitzung übe ich mich in der Stärkung meines gesunden Erwachsenenmodus, indem ich …:

....

....

....

....

Dafür nehme ich mir konkret vor:
(z. B. Übungen aus dem Journal ab Seite 119)

....

....

....

....

Meine Woche

Das habe ich ausprobiert und dabei ist mir aufgefallen:

Meine Fortschritte

Die Kosten für mein dysfunktionales Bewältigungsverhalten sind mir bewusster geworden.

Bewältigungsverhalten bisher:

Für dieses Verhalten spricht:

Gegen dieses Verhalten spricht:

Seit ich in Therapie bin, fallen meinem Umfeld bereits diese Veränderungen bei mir auf:

Das ist mir darüber hinaus aufgefallen / wichtig:

Therapiesitzung Nr. ....

Datum: ....

Wichtigstes Thema der Therapiesitzung:

...

...

...

...

Das nehme ich mit:

...

...

...

...

Bis zur nächsten Therapiesitzung übe ich mich in der Stärkung meines gesunden Erwachsenenmodus, indem ich ...:

...

...

...

...

Dafür nehme ich mir konkret vor:
(z. B. Übungen aus dem Journal ab Seite 119)

...

...

...

...

Meine Woche

Das habe ich ausprobiert und dabei ist mir aufgefallen:

Therapiesitzung Nr. ....

Datum: ....

Wichtigstes Thema der Therapiesitzung:

....

....

....

....

Das nehme ich mit:

....

....

....

....

Bis zur nächsten Therapiesitzung übe ich mich in der Stärkung meines gesunden Erwachsenenmodus, indem ich ...:

....

....

....

....

Dafür nehme ich mir konkret vor:
(z. B. Übungen aus dem Journal ab Seite 119)

....

....

....

....

Meine Woche

Das habe ich ausprobiert und dabei ist mir aufgefallen:

Therapiesitzung Nr. ....

Datum: ....

Wichtigstes Thema der Therapiesitzung:

....

....

....

....

Das nehme ich mit:

....

....

....

....

Bis zur nächsten Therapiesitzung übe ich mich in der Stärkung meines gesunden Erwachsenenmodus, indem ich ...:

....

....

....

....

Dafür nehme ich mir konkret vor:
(z. B. Übungen aus dem Journal ab Seite 119)

....

....

....

....

Meine Woche

Das habe ich ausprobiert und dabei ist mir aufgefallen:

Therapiesitzung Nr. ....

Datum: ....

Wichtigstes Thema der Therapiesitzung:

....

....

....

....

Das nehme ich mit:

....

....

....

....

Bis zur nächsten Therapiesitzung übe ich mich in der Stärkung meines gesunden Erwachsenenmodus, indem ich …:

....

....

....

....

Dafür nehme ich mir konkret vor:
(z. B. Übungen aus dem Journal ab Seite 119)

....

....

....

....

Meine Woche

Das habe ich ausprobiert und dabei ist mir aufgefallen:

Therapiesitzung Nr. ....

Datum: ....

Wichtigstes Thema der Therapiesitzung:

....

....

....

....

Das nehme ich mit:

....

....

....

....

Bis zur nächsten Therapiesitzung übe ich mich in der Stärkung meines gesunden Erwachsenenmodus, indem ich …:

....

....

....

....

Dafür nehme ich mir konkret vor:
(z. B. Übungen aus dem Journal ab Seite 119)

....

....

....

....

Meine Woche

Das habe ich ausprobiert und dabei ist mir aufgefallen:

Meine Fortschritte

Statt meinem inneren Kritiker- bzw. Antreibermodus immer zu viel Raum zu geben, kann ich mittlerweile die folgenden hilfreicheren Botschaften an mich richten:

Dabei hat mir bisher diese Übung / Erkenntnis am meisten geholfen:

Das ist mir darüber hinaus aufgefallen / wichtig:

Therapiesitzung Nr. ....

Datum: ....

Wichtigstes Thema der Therapiesitzung:

...

Das nehme ich mit:

...

Bis zur nächsten Therapiesitzung übe ich mich in der Stärkung meines gesunden Erwachsenenmodus, indem ich ...:

...

Dafür nehme ich mir konkret vor:
(z. B. Übungen aus dem Journal ab Seite 119)

...

Meine Woche

Das habe ich ausprobiert und dabei ist mir aufgefallen:

Therapiesitzung Nr. ....

Datum: ....

Wichtigstes Thema der Therapiesitzung:

....

....

....

....

Das nehme ich mit:

....

....

....

....

Bis zur nächsten Therapiesitzung übe ich mich in der Stärkung meines gesunden Erwachsenenmodus, indem ich ...:

....

....

....

....

Dafür nehme ich mir konkret vor:
(z. B. Übungen aus dem Journal ab Seite 119)

....

....

....

....

Meine Woche

Das habe ich ausprobiert und dabei ist mir aufgefallen:

Therapiesitzung Nr. ....

Datum: ....

Wichtigstes Thema der Therapiesitzung:

....

....

....

....

Das nehme ich mit:

....

....

....

....

Bis zur nächsten Therapiesitzung übe ich mich in der Stärkung meines gesunden Erwachsenenmodus, indem ich …:

....

....

....

....

Dafür nehme ich mir konkret vor:
(z. B. Übungen aus dem Journal ab Seite 119)

....

....

....

....

Meine Woche

Das habe ich ausprobiert und dabei ist mir aufgefallen:

Therapiesitzung Nr. ....

Datum: ....

Wichtigstes Thema der Therapiesitzung:

....

....

....

....

Das nehme ich mit:

....

....

....

....

Bis zur nächsten Therapiesitzung übe ich mich in der Stärkung meines gesunden Erwachsenenmodus, indem ich ...:

....

....

....

....

Dafür nehme ich mir konkret vor:
(z. B. Übungen aus dem Journal ab Seite 119)

....

....

....

....

Meine Woche

Das habe ich ausprobiert und dabei ist mir aufgefallen:

Therapiesitzung Nr. ....

Datum: ....

Wichtigstes Thema der Therapiesitzung:

....

....

....

....

Das nehme ich mit:

....

....

....

....

Bis zur nächsten Therapiesitzung übe ich mich in der Stärkung meines gesunden Erwachsenenmodus, indem ich ...:

....

....

....

....

Dafür nehme ich mir konkret vor:
(z. B. Übungen aus dem Journal ab Seite 119)

....

....

....

....

Meine Woche

Das habe ich ausprobiert und dabei ist mir aufgefallen:

Meine Fortschritte

In diesen herausfordernden Situationen gelingt es mir nun häufiger, in meinem gesunden Erwachsenenmodus zu bleiben bzw. diese Situationen triggern mich nun schon weniger:

Diese Strategien sind dafür für mich besonders hilfreich:

Das ist mir darüber hinaus aufgefallen / wichtig:

Therapiesitzung Nr. ....

Datum: ....

Wichtigstes Thema der Therapiesitzung:

....

....

....

....

Das nehme ich mit:

....

....

....

....

Bis zur nächsten Therapiesitzung übe ich mich in der Stärkung meines gesunden Erwachsenenmodus, indem ich …:

....

....

....

....

Dafür nehme ich mir konkret vor:
(z. B. Übungen aus dem Journal ab Seite 119)

....

....

....

....

Meine Woche

Das habe ich ausprobiert und dabei ist mir aufgefallen:

Therapiesitzung Nr. ....

Datum: ....

Wichtigstes Thema der Therapiesitzung:

....

....

....

....

Das nehme ich mit:

....

....

....

....

Bis zur nächsten Therapiesitzung übe ich mich in der Stärkung meines gesunden Erwachsenenmodus, indem ich ...:

....

....

....

....

Dafür nehme ich mir konkret vor:
(z. B. Übungen aus dem Journal ab Seite 119)

....

....

....

....

Meine Woche

Das habe ich ausprobiert und dabei ist mir aufgefallen:

Therapiesitzung Nr. ....

Datum: ....

Wichtigstes Thema der Therapiesitzung:

....

....

....

....

Das nehme ich mit:

....

....

....

....

Bis zur nächsten Therapiesitzung übe ich mich in der Stärkung meines gesunden Erwachsenenmodus, indem ich …:

....

....

....

....

Dafür nehme ich mir konkret vor:
(z. B. Übungen aus dem Journal ab Seite 119)

....

....

....

....

Meine Woche

Das habe ich ausprobiert und dabei ist mir aufgefallen:

Therapiesitzung Nr. ....

Datum: ....

Wichtigstes Thema der Therapiesitzung:

....

....

....

....

Das nehme ich mit:

....

....

....

....

Bis zur nächsten Therapiesitzung übe ich mich in der Stärkung meines gesunden Erwachsenenmodus, indem ich ...:

....

....

....

....

Dafür nehme ich mir konkret vor:
(z. B. Übungen aus dem Journal ab Seite 119)

....

....

....

....

Meine Woche

Das habe ich ausprobiert und dabei ist mir aufgefallen:

Therapiesitzung Nr. ....

Datum: ....

Wichtigstes Thema der Therapiesitzung:

Das nehme ich mit:

Bis zur nächsten Therapiesitzung übe ich mich in der Stärkung meines gesunden Erwachsenenmodus, indem ich …:

Dafür nehme ich mir konkret vor:
(z. B. Übungen aus dem Journal ab Seite 119)

Meine Woche

Das habe ich ausprobiert und dabei ist mir aufgefallen:

Abschließende Therapiereflexion

Diese konkreten Veränderungen haben sich für mich durch die Therapie ergeben (z. B. hinsichtlich meiner Symptome, meiner Gedanken und Gefühle, meines Verhaltens):

Das sind für mich die wichtigsten Erkenntnisse / Erfahrungen aus der Therapie:

An diesen Themen möchte ich weiterarbeiten:

III.

Übungen

Zuwendung zum Gefühlsmodus

1. Audiobotschaften an den Gefühlsmodus

In der Therapiesitzung nehmen Sie gemeinsam mit Ihrer Therapeutin Botschaften auf Ihrem Handy auf, die Sie an Ihren Gefühlsmodus formulieren möchten. Zum Beispiel: „Es ist nicht deine Schuld, was passiert ist. Du bist gut, so wie du bist."

Dieses Audio hören Sie nun mehrfach in der Woche an und lassen diese positiven, gesunden Botschaften wirken. Machen Sie sich nichts daraus, wenn sich die Übung zu Beginn merkwürdig anfühlt, weil sie so ungewohnt ist. Geben Sie sich Zeit, diese neuen Botschaften als Ihre neue Wahrheit anzunehmen. Oft braucht es viele Wiederholungen, bis alte, toxische Botschaften aus Ihrem Kritikermodus überschrieben sind.

Jetzt nur noch: Vermeidungsmodus überwinden, Audio anschalten, Herz öffnen!

2. Brief an den Gefühlsmodus

Nehmen Sie sich etwas Zeit und schreiben Sie einen Brief an sich selbst, an Ihren Gefühlsmodus. Versuchen Sie, so viel Trost, Wertschätzung und Zuneigung in Ihre Worte zu legen, wie es Ihnen jetzt gerade möglich ist. Vielleicht überlegen Sie, was Sie zu einem geliebten Kind oder Ihrer besten Freundin sagen würden, das oder die die gleichen Erfahrungen im Leben gemacht hat wie Sie.

Schreiben Sie auf, was Ihnen Mut machen könnte in einer schwierigen Situation. Worauf können Sie stolz sein? Was nehmen Sie sich besser nicht so sehr zu Herzen? Nutzen Sie gerne eine besondere Postkarte, ein schönes Briefpapier oder nutzen Sie den Platz in diesem Journal auf Seite 141. Vielleicht sprechen Sie den Brief noch als „Audio an den Gefühlsmodus" (siehe Übung 1) auf Ihr Handy.

Dann anhören – Augen zu und Herz auf!

3. Check-in: Gefühle wahrnehmen

Vielleicht sind Sie nicht darin geübt, Ihre Gefühle wahrzunehmen. Vielleicht haben Sie wenig Anleitung gehabt in „Gefühlsthemen". Die gute Nachricht: Das können Sie lernen. Nehmen Sie sich drei Mal am Tag Zeit, in sich hineinzuspüren, am besten zu festen Zeitpunkten: beim Zähneputzen, beim Zubereiten einer Mahlzeit, auf dem Weg zur Arbeit.

Fragen Sie sich: „Welches Gefühl ist gerade im Vordergrund: Freude, Traurigkeit, Ärger, Genervtheit, Stolz, Liebe, Wut, Enttäuschung, Zuversicht, Angst, Zufriedenheit ...?"

Lernen Sie so, Ihre Gefühle wahrzunehmen, zu benennen und sich zu fragen: „Was brauche ich, wenn ich mich so fühle?" Die Antwort auf diese Frage zeigt Ihnen den Weg zu Ihren Bedürfnissen. Sehnen Sie sich z. B. nach Verbundenheit, Gesehen-Werden, Kontrolle, Selbstbestimmung?

Sie können mit Ihrem Therapeuten in der nächsten Therapiesitzung überlegen, wie Sie Situationen in Ihrem Alltag so gestalten können, dass Ihre Bedürfnisse besser erfüllt werden.

Es lohnt sich!

4. Gestaltung eines Wohlfühlorts

Suchen Sie sich in Ihrer Wohnung ganz bewusst Ihren persönlichen Wohlfühlort. Dies kann das Sofa, ein gemütlicher Stuhl, eine Kuschelecke, eine Hängematte oder Ähnliches sein. Was braucht es hier, damit Sie sich richtig wohlig und sicher fühlen: eine Decke, ein schönes Bild, eine Kerze oder eine gemütliche Beleuchtung? Gestalten Sie diesen Ort so, dass es sich für Sie genau richtig anfühlt. Suchen Sie ihn ganz bewusst immer dann auf, wenn Sie eine Pause brauchen, sich nach Trost, Sicherheit und Behaglichkeit sehnen.

Unser Gehirn liebt Wiederholungen und Rituale. Bald werden Sie merken, dass Ihr Körper und Ihr Geist bereits etwas zur Ruhe kommen, sobald Sie in diesen „Raum" eintreten.

5. Gefühle einladen

Oft haben wir Angst vor starken Gefühlen. Wir glauben, dass wir sie nicht aushalten können, dass sie andere verstören könnten, nicht mehr aufhören und zerstörerisch sind. Deshalb haben wir gelernt, Gefühle nicht wahrzunehmen und nicht zu zeigen, uns abzulenken und die Gefühle mit aller Kraft zu unterdrücken.

Gefühle lassen sich jedoch nicht nach Belieben ausschalten. Sie suchen sich, wenn wir sie dauerhaft unterdrücken, einen anderen „Kanal", wie z. B. Schmerzen, körperliche Beschwerden, Schlafstörungen oder Stimmungstiefs. Laden Sie bewusst Ihre Gefühle ein: Lassen Sie alles zu, was kommt – ohne Bewertung. Eines ist auf jeden Fall sicher: Die Gefühle verändern sich, wenn sie da sein dürfen.

Der hilfreiche Weg führt durch die Gefühle, nicht an ihnen vorbei.

6. Eine Trostbox gestalten

Besorgen Sie sich eine kleine Box oder Schachtel. Legen Sie dort Dinge hinein, die Ihnen guttun, die Ihnen helfen, sich zu regulieren, sich besser zu spüren und sich zu trösten: Das kann die Postkarte einer lieben Freundin sein, ein Duftöl, ein Handschmeichler, ein schönes Erinnerungsfoto oder Ähnliches. Sie können auch Botschaften aufschreiben, die Ihnen helfen, wenn Sie im traurigen, ängstlichen oder wütenden Gefühlsmodus sind. Fragen Sie sich: „Was brauche ich / was braucht ein Kind, das traurig ist? Was hilft mir / einem Kind, das Angst hat? Was tut mir gut, wenn ich wütend bin, was tut einem Kind gut, das wütend ist?" Betrachten und ergänzen Sie Ihre Sammlung möglichst regelmäßig.

Beginnen Sie schon heute.

Abschwächung der Kritiker- / Antreibermodi

1. Audiobotschaft an den Kritiker- / Antreibermodus

In der Therapiesitzung erarbeiten Sie mit Ihrer Therapeutin Botschaften des gesunden Erwachsenenmodus an den Kritiker- / Antreibermodus. Zum Beispiel: „Ihr seid nicht hilfreich, ihr blockiert und behindert mich. Ihr macht, dass ich mich schlecht fühle. Damit ist jetzt Schluss, ich gebe euch keinen Raum mehr. Ich setze euch raus!" Diese gesunden, hilfreichen Botschaften werden auf Ihrem Handy aufgenommen.

Hören Sie dieses Audio nun täglich an. Je öfter Sie es sich anhören, desto besser kann Ihr Gehirn die hilfreichen Botschaften abspeichern und sie verfügbar machen, wenn Sie sie brauchen.

2. Den Kritikermodus entlarven

Gedanken sind nur Gedanken und nicht Realitäten, auch wenn es sich oft anders anfühlt. Die toxischen Botschaften Ihres Kritikermodus, z. B. „Du bist ein Versager", sind nichts anderes als Gedanken. Entlarven Sie die Sätze Ihres Kritikermodus, die genauso willkürlich und ebenso wenig wahr sind wie beispielsweise der Gedanke „Du bist eine Taube". Den würden Sie auch nicht ernst nehmen – oder?

Achten Sie in Zukunft auf die unreflektierte Annahme Ihrer destruktiven Selbstkritiken, d.h. Sie beobachten achtsam „wie Sie denken" und üben, die inneren Kritiker zu entlarven.

3. Kritikersätze und hilfreiche Botschaften gegenüberstellen

Oft nehmen wir unseren Kritiker- / Antreibermodus gar nicht bewusst wahr. Wir gehen automatisch hart mit uns ins Gericht, sind streng und unerbittlich mit uns selbst – weil wir es so kennen, weil wir es so von unseren Bezugspersonen in der Kindheit gelernt haben, weil wir es schon immer so getan haben. Fangen Sie an, sich selbst zuzuhören, lauschen Sie Ihrer Stimme im Kopf. Beginnen Sie, diese in einer konkreten Situation, in der diese Stimme besonders laut ist, zu hinterfragen: „Ist es hilfreich, wenn ich so mit mir selbst spreche? Würde ich das genauso meinem besten Freund, meiner Kollegin, meinem Kind sagen? Wie würde ich mich fühlen, wenn ich diesen Kritikersatz in dieser Situation nicht denken würde? Wie könnte ich es anders formulieren?" Wie würden „gute Eltern" dies sagen?

Schreiben Sie auf, was der Kritiker-/Antreibermodus Ihnen sagt. Probieren Sie aus wie es sich anfühlt, wenn Sie im Anschluss das Blatt mit den Kritikersätzen als falsch „abstempeln": das Geschriebene durchstreichen, das Blatt zerreißen oder verbrennen. Überlegen Sie sich dann hilfreiche Botschaften und schreiben Sie auch diese auf. Vielleicht unterscheiden sich die Sätze gar nicht sehr im Inhalt, aber oft macht eben der Ton die Musik.

4. Leicht machen

Erleichtern Sie Ihr Tagesgepäck: Lassen Sie etwas weg und verringern so das Tempo. Sagen Sie einen Termin ab. Winken Sie sozusagen etwas durch. Tun Sie etwas nicht. Hungern Sie so Ihren Antreibermodus aus.

Das fühlt sich vermutlich nicht auf Anhieb gut an. Macht nichts, weiter probieren! Selbst zu entscheiden und Verantwortung zu übernehmen macht frei und stolz.

5. Mutprobe

Probieren Sie etwas Neues aus. Überwinden Sie Ihre Angst und Ihre unberechtigte Scham. Springen Sie vom Dreimeterbrett. Schwimmen Sie im kalten Wasser. Sprechen Sie jemanden an, indem Sie beispielsweise nach dem Weg fragen. Seien Sie mutig. Zeigen Sie Ihrem Kritikermodus, dass er nicht recht hat, dass Sie selbst Ihr Leben lenken und Sie sich von ihm nicht einschüchtern lassen.

Nach Ihrer kleinen Mutprobe: Stolz sein und lächeln nicht vergessen!

6. Sich verzeihen

Niemand geht durchs Leben und macht alles richtig. Niemand schafft es, fehlerfrei zu sein. Sie können in den Chor Ihres Kritikermodus einstimmen und sich für Ihre Fehler geißeln. Gesünder ist jedoch: Sich bei jemandem zu entschuldigen, dem Sie vielleicht wirklich unrecht getan haben und sich dann selbst zu verzeihen. Etwas zu verzeihen ist eine Entscheidung – treffen Sie sie noch heute!

7. Verdeckter Gewinn

Sie haben wiederholt in der Therapiesitzung an Ihrem Kritiker- und Antreibermodus gearbeitet. Sie wissen, wann und wo sie entstanden sind. Dennoch fällt es Ihnen schwer, sich von diesen belastenden Botschaften zu distanzieren.

Schreiben Sie nun auf, wozu die harsche Selbstkritik oder die Unerbittlichkeit wichtig für Sie ist. Zu welchem Zweck halten Sie daran weiter fest? Wozu dient sie Ihnen? Kann es sein, dass etwa der Gedanke, ein Versager und wertlos zu sein, Sie davor bewahrt, etwas Neues zu wagen, sich bei einem neuen Job zu bewerben oder eine Freundschaft zu beenden, die Ihnen nicht guttut?

Wenn Sie aufgeschrieben haben, *wozu* Ihnen Ihr Kritikermodus auch dienlich ist, überlegen Sie im nächsten Schritt: Wollen Sie sich weiter selbst begrenzen oder lieber anfangen, eine neue Geschichte über sich zu erzählen?

Reduktion dysfunktionaler Bewältigungsmodi

1. Schema-Modus-Memo

Sie merken, dass Sie im problematischen Bewältigungs-Modus sind? Üben Sie jetzt, in den gesunden Erwachsenenmodus zu wechseln, und zwar mit einem Schema-Modus-Memo (siehe Vorlage auf Seite 142). Üben Sie das Ausfüllen des Memos beim ersten Mal mit Ihrem Therapeuten.

Die gute Nachricht: Schon das Nachdenken über die Modi und das Aufschreiben leiten den gewünschten Wechsel in den gesunden Erwachsenenmodus ein. Mit etwas Übung wird es schon bald wie von allein klappen.

2. Skills-Ketten einsetzen

Wenn Sie im Stress sind und unter starken Gefühlen leiden, z. B. unter Angst, Traurigkeit oder Ärger, ist die Wahrscheinlichkeit hoch, dass Sie in negative Bewältigungsmodi rutschen.

Jetzt ist es Zeit, Ihre Skills-Ketten einzusetzen, die Sie mit Ihrer Therapeutin erarbeitet haben. Ein Skill (Fertigkeit) kann in diesem Zusammenhang alles sein, was Ihnen aktuell hilft, sich wieder etwas mehr von den überwältigenden Gefühlen zu distanzieren (z. B. tiefe Bauchatmung, einen Igelball kneten, Kopfrechenübungen machen, laute Musik hören, abwechselnd heiß und kalt duschen). Eine Skills-Kette sind mehrere, hintereinander ausgeführte Skills, um Ihren Stress spürbar zu senken.

Ihre Therapeutin wird mit Ihnen eine Liste mit Skills (siehe Seite 42) erstellen und Sie dabei unterstützen, eine Skills-Kette festzulegen. So haben Sie diese parat, wenn Ihre Anspannung sehr hoch ist und es Ihnen schlecht geht.

3. Vor- und Nachteile des problematischen Bewältigungsmodus abwägen

Wägen Sie von Situation zu Situation jeweils neu ab: Welche Vorteile bringt Ihnen Ihr alter Bewältigungsmodus heute noch? Welche Nachteile haben Sie heute durch ihn? Werden Ihre Bedürfnisse nach Zugehörigkeit, Selbstbestimmung oder Wertschätzung erfüllt, wenn Sie sich stets entsprechend Ihres „alten Musters" verhalten?

Notieren Sie in Ihrem Journal, was für und was gegen die Beibehaltung Ihres Bewältigungsmodus spricht.

Stärkung des gesunden Erwachsenenmodus

1. Achtsamkeit

Achtsamkeit ist in aller Munde, in keinem Ratgeber darf dieser Begriff fehlen. Sie müssen nicht zum Yogi werden und lange meditieren, doch ohne Achtsamkeit – also ohne Wahrnehmung dessen, was gerade in Ihnen und um Sie herum passiert – ist kein Perspektivwechsel, keine Verhaltensänderung möglich.

Üben Sie sich einige Minuten am Tag darin, Ihre Sinne zu schärfen: Nehmen Sie eine Mahlzeit bewusst ein, putzen Sie achtsam Ihre Zähne oder schließen Sie einfach die Augen und lauschen einmal. Sie können auch ganz bewusst und voller Aufmerksamkeit für Ihr Gegenüber ein Gespräch führen.

Mit allen Sinnen wahrzunehmen erdet, verbindet Sie mit dem Moment und bringt Ruhe ins System.

2. Angenehme Aktivitäten

Schreiben Sie in Ihr Journal die Aktivitäten, die Ihnen derzeit gut tun oder die Ihnen früher einmal Freude gemacht haben. Dies können große oder auch kleine Dinge sein wie reisen, Freunde treffen, Musik hören, ein Buch lesen, einen Spaziergang machen, in einem frisch bezogenen Bett liegen, ein Eis essen, in der Sonne sitzen, einen Tee trinken, eine Freundin anrufen, ein Tier streicheln etc.

Wenn Sie alles aufgeschrieben haben, setzen Sie ab sofort täglich eine dieser Sachen um. Planen Sie bereits am Vorabend, was Sie tun wollen und wann Sie es tun werden. So bekommen Sie die Vorfreude gratis mit dazu und überlisten Ihren Vermeidungsmodus.

Und auch hier gilt: Fühlt es sich nicht gleich gut an, heißt das nicht, dass der Weg falsch ist. Eine Veränderung der Gewohnheit, ein Schritt aus der Komfortzone, kann anfangs auch anstrengend sein.

Es gibt nichts Gutes, außer man tut es. (Erich Kästner)

3. Atemübung

Wir suchen Entspannung und Gelassenheit meist im Außen, finden können wir sie aber nur in uns selbst. Nutzen Sie Ihren Atem als Anker, um sich mit sich selbst zu verbinden und in die Stille zu gehen.

Nehmen Sie sich einige Minuten am Tag, um bewusst zu atmen. Begleiten Sie Ihren Atem mit Ihrer Aufmerksamkeit, achten Sie auf das Ein- bzw. Ausströmen der Atemluft. Atmen Sie tief in den Bauch hinein. Spüren Sie, wie sich Brustkorb und Bauchdecke leicht heben und senken. Nehmen Sie aufkommende Gedanken wahr und lassen Sie diese dann - gleichsam wie Wolken – weiterziehen. Wenn Sie an Gedanken hängenbleiben, kommen Sie, sobald Sie es wahrnehmen, mit der Aufmerksamkeit zu Ihrem Atem zurück.

Verlängern Sie Ihre Ausatmung, sie darf doppelt so lang sein wie Ihre Einatmung. Wenn Sie mögen, atmen Sie auf „1–2“ ein und auf „1–2–3–4“ aus.

Bewusst atmen zentriert und beruhigt.

Ich atme ein. Und komme zur Ruhe. Ich atme aus. Und lächle. (Thich Nhat Hanh)

4. Imagination: Gesunder Erwachsenenmodus auf der inneren Probebühne (Audio)

Dieses Audio wird in der Therapiesitzung aufgenommen. Ihre Therapeutin leitet Sie bei einer Imaginationsübung an, in der Sie sich vorstellen, in einer schwierigen Situation ganz in Ihren gesunden Erwachsenenmodus zu kommen und eine gute Lösung für sich zu entwickeln. Hierbei ist es wichtig, auf allen Sinneskanälen wahrzunehmen und gut zu verankern, wie es sich anfühlt, im gesunden Erwachsenenmodus zu sein. Wie fühle ich mich in diesem Modus? Wie ist meine Körperhaltung? So vernetzen Sie ihr Gehirn neu: weg vom vorprogrammierten Scheitern hin zu einem sich gut anfühlenden Zielzustand.

Das Audio können Sie sich nun mehrmals anhören und dabei im Körper nachspüren, wie es sich anfühlt, gesund erwachsen zu reagieren. Haben Sie dies auf der „inneren Probebühne“ gut geübt, wird es auch in der Realität leichter gelingen.

5. Audio der Therapiesitzung anhören

Nehmen Sie sich bewusst vor, das Audio einer bestimmten Übung aus der letzten Therapiesitzung anzuhören. Suchen Sie sich dafür eine günstige Zeit, in der Sie ungestört sind und nichts nebenher tun. Versuchen Sie, ganz bei der Sache zu sein und wahrzunehmen, wie es Ihnen beim Anhören geht.

Auf diese Weise können Sie das Gelernte aus der Therapiesitzung vertiefen und wichtige Botschaften und Einsichten konservieren. Schreiben Sie in Ihr Journal, was Sie nicht vergessen möchten.

Vermeidungsmodus überwinden – und los gehts!

6. Bedürfnisse äußern

Gelingt es Ihnen, Ihre Gefühle und Bedürfnisse wahrzunehmen, sind Sie schon auf einem guten Weg. Nun dürfen Sie sich darin üben, Ihre Bedürfnisse im gesunden Erwachsenenmodus zu äußern.

Sie formulieren Ihre Bedürfnisse entgegen Ihrer verinnerlichten Glaubenssätze, wie: „Du bekommst nicht, was du brauchst." Oder: „Du bist es nicht wert." So zeigen Sie Ihrem Kritikermodus Grenzen auf. Und: Nicht auf Mitleid setzen, sondern Verantwortung übernehmen. Die Chancen, dass Ihr Gegenüber Ihre Bedürfnisse erfüllt, werden steigen, wenn es sie kennt.

7. Brief an die Eltern

Unsere ersten Lebensjahre sind eine prägende Zeit. Vielleicht realisieren Sie in der Therapie, dass Ihr Kritiker- und Antreibermodus den Botschaften ähnelt, die Sie direkt oder indirekt in Ihrem Elternhaus gehört haben. Schreiben Sie nun einen Brief an Ihre Eltern und zählen Sie darin ungefiltert alles auf, was anders hätte sein sollen.

Um vergeben zu können ist es hilfreich, sich vorher bewusst zu machen, was schiefgelaufen ist. Zu vergeben bedeutet nicht, gutzuheißen oder zu verzeihen. Es bedeutet, negative Gefühle loszulassen und sich damit von Groll und Unmut zu befreien. Schauen Sie, ob sich am Ende des Briefs eine Vergebung richtig anfühlt oder nicht.

Aber zunächst einmal: Aufschreiben, mögliche Wut, Enttäuschung und Traurigkeit entladen. Und dann: Den Brief *nicht* abschicken!

8. Dankbarkeitstagebuch

Dankbar sein, die Aufmerksamkeit auf das lenken, was da ist statt auf das, was fehlt, auf die Fülle statt auf den Mangel: Das verbessert die Stimmung. Trainieren Sie Ihr möglicherweise sehr auf negatives Denken fokussiertes Gehirn, wieder Positives wahrzunehmen. Halten Sie am Abend einen Moment inne und überlegen Sie sich drei Dinge, für die Sie heute dankbar sind und stellen Sie auch fest, was Sie dazu beigetragen haben.

Schreiben Sie diese Dinge auf. Machen Sie somit die Erinnerung daran für sich selbst verfügbar, wenn Zeiten kommen, in denen das Licht gerade fern und der Tunnel lang ist.

Sollten Sie daran Gefallen finden, erweitern Sie diese Abendroutine um die „Tagesreflexion“ (siehe Übung 20).

9. Ein Date mit mir selbst

Verabreden Sie sich heute für eine halbe Stunde mit sich selbst. Laden Sie sich zu einem Kaffee ein, zu einem Spaziergang, einer Lektüre, einer Meditation oder etwas anderem. Gönnen Sie sich eine Pause, gerade dann, wenn Sie glauben, keine Zeit dafür zu haben. Sagen Sie in dieser Zeit NEIN zu dem, was Sie stresst und auslaugt. Tun Sie ausschließlich, was Ihnen guttut. Warten Sie im Zweifel nicht darauf, bis Sie das Gefühl haben, es sich wert zu sein, es zu verdienen. Planen Sie am besten den Termin fest in Ihren Kalender ein, das Gefühl darf folgen.

10. Engagieren

Anderen zu helfen fühlt sich gut an, stiftet Sinn, weitet den Blick über den eigenen Tellerrand hinaus, hält jung, vital und stimmt zufrieden. Halten Sie heute jemandem die Tür auf, bieten Sie Ihre Hilfe an, übernehmen Sie ein Ehrenamt. Machen Sie es am besten „einfach so“, ohne eine Gegenleistung zu erwarten, absichtslos. Schauen Sie, was passiert.

11. Gesund erwachsen kommunizieren

Nehmen Sie sich bewusst vor, ein schwieriges Gespräch im gesunden Erwachsenenmodus zu führen. Benennen Sie Ihr Gefühl, sprechen Sie von sich und vermeiden Sie „Du-Botschaften". Statt einen Vorwurf zu machen, wie „Du bist immer ...", könnte Ihr Satz beispielsweise lauten: „Ich hatte den Eindruck, dass du gestern ... Das hat mich traurig gemacht und ich wünsche mir für die Zukunft, ..."

So hat Ihr Gegenüber die Möglichkeit, sich nicht angegriffen zu fühlen. Die Chancen steigen, dass Sie mit Ihrem Anliegen ankommen. Sollten Sie dennoch kein Gehör finden, fühlt es sich trotzdem besser an, erwachsen kommuniziert zu haben.

12. In Beziehung

Wir Menschen haben ein universelles Bedürfnis, von Zeit zu Zeit mit anderen Menschen in Beziehung zu treten, uns zugehörig zu fühlen, uns zu verbinden. Es mag sehr gute Gründe dafür geben, warum Sie gelernt haben, anderen Menschen nicht zu vertrauen, sich zurückzuziehen, sich nicht zu öffnen. Vielleicht haben Sie immer wieder die Erfahrung gemacht, enttäuscht worden zu sein.

Wählen Sie aus, welchen Menschen in Ihrem Umfeld Sie einen Vertrauensvorschuss geben können. Verabreden Sie sich, erzählen Sie von sich, hören Sie zu, üben Sie sich in Toleranz und im Verzeihen. Gehen Sie davon aus, dass die anderen gerne mit Ihnen zusammen sind, anstatt zu denken, die anderen wollen Sie nicht dabei haben. Mut tut gut!

13. Körperübung

Wenn wir gedrückter Stimmung sind oder Angst haben, wenn wir wütend sind oder uns freuen, drücken sich diese Emotionen auf körperlicher Ebene aus: Wir ziehen beispielsweise die Schultern hoch, sinken in uns zusammen, machen uns klein.

Machen Sie sich zunutze, dass dieser Zusammenhang auch andersherum besteht. Stellen Sie sich zum Beispiel breitbeinig hin, die Füße fest am Boden. Finden Sie so einen stabilen Stand, richten Sie sich auf, lassen Sie bewusst die Schultern nach hinten und unten sinken und heben Sie den Blick. So signalisieren Sie ihrem Gehirn: „Hier stehe ich sicher. Hier droht keine Gefahr. Jetzt, in diesem Moment, bin ich ganz verbunden mit meinem gesunden Erwachsenenmodus."

Und jetzt noch: Lächeln! Probieren Sie es aus.

14. Loslassen

Ändere, was du ändern kannst. Nimm an, was du nicht ändern kannst.

Dies ist eine oft zitierte Weisheit. Annehmen ist nicht gleichbedeutend mit gutheißen. Annehmen heißt auch nicht unbedingt, einem Menschen, der Sie sehr verletzt hat, zu vergeben. Annehmen bedeutet, aufhören zu hadern, den Blick nicht mehr aufs Gestern, sondern aufs Heute und Morgen zu lenken.

Überlegen Sie, was Sie loslassen wollen. Verbinden Sie eine Geste oder ein Bild mit der Idee des Loslassens.

Und nun, immer wenn der Gedanke kommt, den Sie loslassen wollen: Bild oder Geste wachrufen und loslassen.

Wut verbittert, Angst lähmt, Loslassen macht frei.

15. Mal was anderes

Tun Sie gezielt etwas anders als sonst, bringen Sie sich selbst aus der Routine. Wagen Sie sich aus Ihrer Komfortzone heraus. Der neue Blickwinkel auf die Sache ermöglicht neue Perspektiven: Gehen Sie langsam, wenn Sie normalerweise schnell gehen; machen Sie sich groß, wenn Sie sich normalerweise klein machen; lesen Sie ein Buch, wenn Sie normalerweise Fernsehen schauen; sagen Sie nein, wenn Sie normalerweise ja sagen; grüßen Sie freundlich, wenn Sie normalerweise vor sich hin grummeln; melden Sie sich zu Wort, wenn Sie normalerweise schweigen; hören Sie aufmerksam zu, wenn Sie normalerweise den Ton angeben.

Heute anfangen, Erfahrungen aufschreiben, sich selbst überraschen!

16. Morgenritual

Finden Sie ein kleines Ritual, um den neuen Tag zu begrüßen: Sie könnten am offenen Fenster bewusst atmen, eine kurze Dehneinheit machen, eine kurze Meditation durchführen, ein Glas Wasser mit Zitrone oder eine Tasse Tee oder Kaffee in Stille trinken. Treffen Sie dann aus Ihrem gesunden Erwachsenenmodus eine bewusste Entscheidung für den Tag.

Rituale geben Sicherheit, Geborgenheit und Klarheit, sie fördern Bewusstheit. Ausprobieren, dranbleiben!

17. Nein danke!

Das kennen Sie bestimmt: Ohne dass Sie darum bitten, versuchen Ihnen andere Menschen zu erklären, wie die Welt funktioniert, was Sie fühlen und was das Beste für Sie wäre. Eigentlich eine nette Sache, oder? Aber wie fühlt es sich an, wenn Sie ungefragt Ratschläge bekommen? Vielleicht fühlen Sie sich nicht richtig verstanden, von oben herab behandelt oder frustriert. Stärken Sie Ihren gesunden Erwachsenenmodus, indem Sie das nächste Mal in etwa Folgendes sagen: „Herzlichen Dank, dass du dir über mich Gedanken machst, aber das entscheide ich lieber selbst." Probieren Sie es aus!

18. Rauszoomen

Wenn Sie merken, dass Sie sich in eine Sache hineinsteigern und dass alles auf einmal ganz schlimm, ganz ärgerlich, ganz beängstigend aussieht, dann zoomen Sie sich raus. Schauen Sie sich die Sache von einer anderen Warte aus an, aus der Vogelperspektive: Wie werden Sie in fünf Jahren über diese Sache denken? Wie denkt jemand anderes darüber? Was ist vielleicht das Gute an der Situation?

Schreiben Sie auf, ob Sie einen Unterschied feststellen, sobald Sie das, was Sie im Moment belastet, von ganz nah oder mit großem Abstand betrachten. Vieles ist, wie so oft, eine Frage der Perspektive.

19. Reiz und Reaktion

Sie sind kurz vorm Platzen, Ihr Kritikermodus macht sich bereit zum Angriff. Es ist so verführerisch, dem gewohnten Bewältigungsmodus zu folgen. Doch, um es frei nach Viktor Frankl zu sagen: *Unsere größte Freiheit liegt zwischen Reiz und Reaktion.*

Visualisieren Sie in einer solchen Situation ein STOPP-Schild, atmen Sie drei Mal tief in den Bauch ein und wieder aus und tun Sie ... NICHTS. Dehnen Sie ihn aus, den Raum zwischen Reiz und Reaktion. Das ist nicht ganz einfach und es fühlt sich nicht sofort gut an. Macht nichts, in spätestens 15 Minuten sind Sie froh, nicht über „Rot gegangen" zu sein.

20. Sich öffnen

Sich verbunden und verstanden fühlen, eigene Gefühle und Bedürfnisse ausdrücken – das sind universelle Grundbedürfnisse. Versuchen Sie, entgegen Ihrer gewohnten Glaubens- bzw. inneren Kritikersätze („Du darfst dich anderen nicht zumuten. Was du sagst, ist uninteressant. Keiner darf wissen, wie es dir wirklich geht. Du kannst niemandem vertrauen.“) zu handeln und sprechen Sie mit einer anderen Person über Ihre Gefühle. Wenn wir uns trauen, uns *echt* zu zeigen, entsteht Verbindung. Dauerhaft im Bewältigungsmodus zu sein (z. B. in der Vermeidung) hingegen ermüdet – Sie selbst und andere. Wagen Sie es, sich zu öffnen. Es lohnt sich.

21. Spiegeln

Sie ärgern sich oft über andere? Sie verbringen viel Zeit damit, sich über andere aufzuregen? Machen Sie folgendes Experiment: Stellen Sie sich vor, dass der andere Ihr Spiegel ist und Sie sich in ihm wiedererkennen. Könnte etwa Ihr Vorwurf, dass Ihre Partnerin Sie nicht ausreichend wertschätzt, Ausdruck Ihrer mangelnden Wertschätzung für sich selbst sein? Könnte Ihr Vorwurf an Ihre Kinder, dass sie Ihnen nicht genug Respekt und Dankbarkeit entgegenbringen, Ausdruck Ihrer mangelnden Anerkennung für sich selbst und Ihre Familienarbeit sein? Könnte Ihre Kritik an Ihrem Chef, dass dieser nie zufrieden mit Ihrer Arbeit ist, Ausdruck ihrer eigenen unerbittlichen Ansprüche an sich selbst sein und Ihrer eigenen Schwierigkeit, sich zu loben?

Nutzen Sie einmal den anderen als Spiegel für Ihre Glaubenssätze, als Spiegelung Ihres eigenen Kritiker- bzw. Antreibermodus. Wenn Sie also das nächste Mal jemandem einen Vorwurf machen wollen, fragen Sie sich: „Was hat das, was ich meinem Gegenüber vorwerfe, mit mir zu tun?“

Schreiben Sie Ihre Gedanken dazu auf.

Den eigenen Garten zu pflegen, anstatt über das Unkraut des Nachbars zu schimpfen, ist vielleicht mühsamer, aber auf Dauer viel befriedigender.

22. Tagesreflexion

Machen Sie es zu einem Ritual, am Abend einige Minuten den Tag zu reflektieren: „Was war heute gut? Was war schwierig? Worauf bin ich stolz?“

Wenn Sie schon geübt sind in der „Schema-Sprache“, fragen Sie sich: Welcher Modus war heute besonders aktiv? War ich häufig im Kritikermodus? Habe ich viel vermieden oder mich untergeordnet? Wann und wie ist es mir heute gelungen, im gesunden Erwachsenenmodus zu sein? Schreiben Sie es auf. Das verstärkt den Effekt.

Wenn Sie zum Katastrophisieren neigen, dann ergänzen Sie folgende Rubrik in Ihrer Tagesreflexion:

„Diese Katastrophe habe ich heute erwartet (z. B., dass das Auto nicht anspringt, mein Kind durch die Prüfung fällt, ich Ärger von meiner Chefin bekomme, ich die Präsentation verhaue, mein Arzt mir heute eine unheilbare Krankheit diagnostizieren wird ...). Stellen Sie dem gegenüber: „Das ist wirklich eingetreten.“

Denn auch wenn manchmal wirklich schlimme Dinge passieren, erinnert nicht nur der Satz von Mark Twain daran, dass wir unsere Realitäten durch unsere Gedanken erschaffen: „In meinem Leben habe ich unvorstellbar viele Katastrophen erlitten. Die meisten davon sind nie eingetreten.“

23. Eine tägliche Bewegungs-, Licht- und Naturdusche

Bewegung, Licht, Natur: All diese Dinge tun uns gut und kommen in der heutigen Zeit oft zu kurz. Nehmen Sie sich deshalb jeden Tag Zeit, rauszugehen – und sei es nur für kurz –, egal, bei welchem Wetter, egal, wie groß der Vermeidungsimpuls ist. Das Licht ist der wichtigste Zeitgeber unserer inneren Uhr, Erlebnisse in der Natur erden uns, Bewegung hilft, Stress abzubauen und aus dem Gedankenkarussell auszusteigen. Verordnen Sie sich jeden Tag eine Prise frische Luft, nehmen Sie sich im Anschluss Zeit, das Vorher und Nachher zu reflektieren. Das macht Lust auf mehr.

Diese Übung eignet sich wunderbar in Kombination mit der nun folgenden Übung 24 zum Trotzdem-Prinzip.

24. Trotzdem-Prinzip

Sie haben keine Lust, keine Kraft, keine Zeit, Ihre Übungen anzugehen, die Sie in der Therapie vereinbart und die Sie sich vorgenommen haben? Tun Sie es trotzdem! Durchhalten, sich anstrengen, sich durchbeißen, Beharrlichkeit und Frustration auszuhalten sind ebenso wichtige Fähigkeiten des gesunden Erwachsenenmodus wie Selbstfürsorge und Nachsicht mit sich selbst. Gehen Sie es an – einen Schritt nach dem anderen. Belohnen Sie sich danach. Los geht's!

25. Ein Vertrag mit mir

Diese Übung macht Sinn, wenn Sie sich über Ihre Ziele schon etwas klarer geworden sind.

Schließen Sie einen Vertrag mit sich selbst. Dieser sollte ein Ziel, eine Entscheidung beinhalten. Was nehmen Sie sich ganz konkret vor? Ein Beispiel: „Ich übe mich täglich darin, freundlich zu mir zu sein." Oder: „Egal wie es mir geht, ich werde keinen Suizidversuch unternehmen." Schreiben Sie diesen Vertrag in das Journal und lesen Sie ihn regelmäßig durch. Ein Post-it am Spiegel, ein Armband, ein Fingerring oder Ähnliches kann Sie im Alltag an Ihr Versprechen / Ihre Intention erinnern. Sie nehmen sich damit ernst – ein unschlagbares Signal Ihres gesunden Erwachsenenmodus an Ihre inneren Kritikerstimmen.

26. Vorstellungskraft

Machen Sie sich zunutze, dass Ihr Gehirn nicht unterscheiden kann, ob Sie sich eine Sache nur vorstellen oder ob sie wirklich passiert. Egal, ob Sie sich eine Erfahrung nur vorstellen oder ob Sie sie wirklich machen: Im Gehirn sind dieselben Areale aktiv. Wie mächtig unsere Vorstellungskraft ist, zeigt sich z. B. daran, dass Ihnen eine lediglich vorgestellte Katastrophe große Angst machen und den Schlaf rauben kann. Machen Sie sich einmal umgekehrt die Macht Ihrer Gedanken zu Nutze und drehen Sie Ihr auf Negatives programmiertes Denken einfach um. Malen Sie sich mit geschlossenen Augen für ein paar Minuten aus, wie Ihr Leben wäre, wenn Sie die Seiten von sich leben würden, die Ihnen heute noch schwerfallen. Wie sähe Ihr Leben aus? Wie würden andere Menschen auf Sie reagieren? Was würden Sie tun? Wie fühlt es sich an, ganz in dieser Vorstellung zu sein? Nehmen Sie dieses Gefühl mit und probieren Sie im Alltag aus, in diese Version Ihrer selbst zu kommen. Ihr Gehirn hat es ja schon geübt, jetzt können Sie es einfach machen.

27. Wahlfreiheit

Vermutlich haben Sie in Ihrem bisherigen Leben immer wieder Erfahrungen gemacht, die Sie nicht hätten machen wollen und auf die Sie keinen Einfluss hatten. Machen Sie sich nun bewusst, dass Sie bei vielen Dingen, die in Ihrem Leben heute passieren, wählen können. Wollen Sie weitermachen (z. B. sich schlecht behandeln, sich immer unterordnen, sich laufend zu viel zumuten), weil Sie es schon immer so gemacht haben? Oder wollen Sie einen neuen Weg einschlagen?

Fragen Sie sich: „Wer bestimmt in meinem Leben? Zu was sage ich in Zukunft nein? Wozu kann ich aus tiefem Herzen ja sagen?" Müssen Sie, nur weil Ihre ersten Bezugspersonen möglicherweise schlecht mit Ihnen umgegangen sind, wirklich genau so weitermachen und sich den Rest Ihres Lebens schlecht behandeln?

Fragen Sie sich, wo Sie in Ihrem Leben aus einem „Ich muss" ein „Ich werde" machen können. Stellen Sie alle bisher nicht hinterfragten Zwänge auf den Prüfstand. Es macht einen Unterschied, ob Sie z. B. aufräumen MÜSSEN oder MÖCHTEN (weil Sie es gerne ordentlich haben). Ob Sie arbeiten MÜSSEN oder sich genau für diese Stelle ENTSCHIEDEN haben und dort arbeiten MÖCHTEN. Diese Freiheit bringt Verantwortung mit sich. Das kann anstrengend und ungewohnt sein, macht aber unabhängiger und selbstbewusst.

28. Werte

Werte geben Orientierung. Sie können uns als Kompass dienen, der anzeigt, wonach wir unser Leben ausrichten wollen. Überlegen Sie einmal: „Wofür soll mein Leben stehen? Welche Werte sind mir wichtig? Was möchte ich, dass andere später über mich sagen? Lebe ich gerade so, dass meine Werte genug Raum haben?"

Notieren Sie fünf Werte, nach denen Sie Ihr Leben bereits mehr und mehr ausrichten bzw. zukünftig ausrichten wollen. Wenn Sie Unterstützung bei der Suche nach Werten brauchen, besprechen Sie es mit Ihrem Therapeuten und suchen Sie im Internet unter diesem Schlagwort. Tiefgreifende Einsichten sind nicht ausgeschlossen.

29. Wunder

Schließen Sie die Augen und machen Sie eine Fantasiereise: Über Nacht sind auf einmal durch ein Wunder all Ihre Probleme gelöst. Sie leben Ihr Leben so, wie Sie es gerne möchten. Sie wissen jetzt, dass keiner Ihrer negativen Glaubenssätze über Sie, über andere und die Welt wahr ist. Wie wird Ihr Leben dann aussehen? Wo leben Sie? Was arbeiten Sie? Mit welchen Menschen sind Sie zusammen? Woran werden andere merken, dass Sie sich verändert haben? Wie sieht ein glücklicher Tag in diesem Leben aus? Malen Sie ihn so lebhaft und konkret aus wie möglich. Wie fühlen Sie sich dabei? Was spüren Sie im Körper?

Was wäre der erste Schritt, den Sie unternehmen können, um Ihrem glücklichen Tag näher zu kommen? Schreiben Sie dazu bitte Stichworte auf und besprechen Sie sie in der nächsten Therapiesitzung.

Sei realistisch, erwarte Wunder. (Karin Kuschik).

Arbeitsseiten

Brief an meinen Gefühlsmodus

Schema-Modus-Memo

(Original von J. Young, modifiziert von Adenauer & Schuchardt)

Beispiel:

Situation: *Mein Partner kam eine halbe Stunde später als verabredet nach Hause.*

Schema-Aktivierung: *Verlassenheitsschema*

Ich dachte … (Botschaft des Kritiker- / Antreibermodus):
Er liebt mich nicht. Er will mich loswerden. Er hat eine andere.

Deshalb fühlte ich mich … (Gefühlsmodus):
traurig, ängstlich und wütend

Und dies löste bei mir aus … (dysfunktionaler Bewältigungsmodus):

- *Zunächst habe ich mich in die Angst und die Katastrophengedanken reingesteigert.*
- *Als mein Partner kam, habe ich ihn angeschrien und ihm Vorwürfe gemacht.*

Mit etwas Abstand weiß ich, dass …
(Gedanke aus dem gesunden Erwachsenenmodus):

- *mein Partner nur einen Kundentermin hatte, der länger ging.*
- *er mich liebt und mit mir zusammen sein möchte.*
- *mein „alter Film" mit mir durchging und ich mich wieder so gefühlt habe wie damals als Kind, als meine Eltern mich immer wieder allein gelassen haben.*

Deshalb versuche ich, in einer solchen Situation das nächste Mal …
(Verhalten aus dem gesunden Erwachsenenmodus):

- *meinen Partner zu bitten, mir Bescheid zu geben, wenn es später wird.*
- *mich daran zu erinnern, dass er mich liebt und ich nun erwachsen und nicht mehr das kleine Kind von damals bin.*
- *mir ins Gedächtnis zu rufen, dass ich gerade eine Schema-Aktivierung habe.*
- *mich selbst zu trösten und zu beruhigen.*
- *mich in der Wartezeit zu beschäftigen mit etwas, das ich gerne mache.*

Schema-Modus-Memo

(Original von J. Young, modifiziert von Adenauer & Schuchardt)

Situation:

....

Schema-Aktivierung:

....

Ich dachte ... (Botschaft des Kritiker- / Antreibermodus):

....

Deshalb fühlte ich mich ... (Gefühlsmodus):

....

Und dies löste bei mir aus ... (dysfunktionaler Bewältigungsmodus):

....

....

....

Mit etwas Abstand weiß ich, dass ...
(Gedanke aus dem gesunden Erwachsenenmodus):

....

....

....

Deshalb versuche ich, in einer solchen Situation das nächste Mal ...
(Verhalten aus dem gesunden Erwachsenenmodus):

....

....

....

Schema-Modus-Memo

(Original von J. Young, modifiziert von Adenauer & Schuchardt)

Situation:

....

Schema-Aktivierung:

....

Ich dachte ... (Botschaft des Kritiker- / Antreibermodus):

....

Deshalb fühlte ich mich ... (Gefühlsmodus):

....

Und dies löste bei mir aus ... (dysfunktionaler Bewältigungsmodus):

....

....

....

Mit etwas Abstand weiß ich, dass ...
(Gedanke aus dem gesunden Erwachsenenmodus):

....

....

....

Deshalb versuche ich, in einer solchen Situation das nächste Mal ...
(Verhalten aus dem gesunden Erwachsenenmodus):

....

....

....

Schema-Modus-Memo

(Original von J. Young, modifiziert von Adenauer & Schuchardt)

Situation:

....

Schema-Aktivierung:

....

Ich dachte ... (Botschaft des Kritiker- / Antreibermodus):

....

Deshalb fühlte ich mich ... (Gefühlsmodus):

....

Und dies löste bei mir aus ... (dysfunktionaler Bewältigungsmodus):

....

....

....

Mit etwas Abstand weiß ich, dass ...
(Gedanke aus dem gesunden Erwachsenenmodus):

....

....

....

Deshalb versuche ich, in einer solchen Situation das nächste Mal ...
(Verhalten aus dem gesunden Erwachsenenmodus):

....

....

....

Schema-Modus-Memo

(Original von J. Young, modifiziert von Adenauer & Schuchardt)

Situation:

....

Schema-Aktivierung:

....

Ich dachte … (Botschaft des Kritiker- / Antreibermodus):

....

Deshalb fühlte ich mich … (Gefühlsmodus):

....

Und dies löste bei mir aus … (dysfunktionaler Bewältigungsmodus):

....

....

....

Mit etwas Abstand weiß ich, dass …
(Gedanke aus dem gesunden Erwachsenenmodus):

....

....

....

Deshalb versuche ich, in einer solchen Situation das nächste Mal …
(Verhalten aus dem gesunden Erwachsenenmodus):

....

....

....

Schema-Modus-Memo

(Original von J. Young, modifiziert von Adenauer & Schuchardt)

Situation:

....

Schema-Aktivierung:

....

Ich dachte … (Botschaft des Kritiker- / Antreibermodus):

....

Deshalb fühlte ich mich … (Gefühlsmodus):

....

Und dies löste bei mir aus … (dysfunktionaler Bewältigungsmodus):

....

....

....

Mit etwas Abstand weiß ich, dass …
(Gedanke aus dem gesunden Erwachsenenmodus):

....

....

....

Deshalb versuche ich, in einer solchen Situation das nächste Mal …
(Verhalten aus dem gesunden Erwachsenenmodus):

....

....

....

Literatur

Ambauen, F. & Meyer, S. (2023): *Beziehungskosmos. Eine Anleitung zur Selbsterkenntnis.* Embrach: Arisverlag.

Brüderl, L. (2020): *Positive und negative Schemata. 75 Therapiekarten.* Weinheim: Beltz.

Jacob, G. (2024): *Leben geht nur vorwärts.* Weinheim: Beltz.

Grawe, K. (2004): *Neuropsychotherapie.* Göttingen: Hogrefe.

Roediger, E. (2023): *Raus aus den Lebensfallen. Das Schematherapie-Begleitbuch.* Paderborn: Junfermann.

Roediger E. & Valente, M. (2020): *Schematherapie.* Stuttgart: Kohlhammer.

Schuchardt, J. & Roediger, E. (2024): *Schematherapie.* Tübingen: Psychotherapie-Verlag.

Valente, M. (2021): *Schematherapie. Ein Leitfaden für die Praxis.* Stuttgart: Kohlhammer.

Yakin, D.; Grasman R. & Arntz A. (2020): Schema modes as a common mechanism of change in personality pathology and functioning: results from a randomizes controlled trail. *Behaviour Research and Therapy.* http://ees.elsevier.com

Young, J. E.; Klosko, J. S. & Weishaar, M. E. (2005): *Schematherapie – ein praxisorientiertes Handbuch.* Paderborn: Junfermann.

Die Autorinnen

Dr. rer. nat. Dipl. Psych. Hannah Adenauer

approbierte Verhaltenstherapeutin und zertifizierte Schematherapeutin (ISST), Dozentin und Supervisorin für Narrative Expositionstherapie.

Dipl. Psych. Julia Schuchardt

approbierte Verhaltenstherapeutin, Supervisorin für Kognitive Verhaltenstherapie, zertifizierte Schematherapeutin, Dozentin, Trainerin und Supervisorin (ISST) für Schematherapie, Gründerin/Leiterin des Instituts für Schematherapie Konstanz und Mitbegründerin der Schematherapie-Online-Akademie (STOA).